바그너의 이해

차례
Contents

들어가며

서양문화사에서 바그너(Richard W. Wagner, 1813~1883)는 '거인'이다. 그는 극과 음악의 완벽한 결합을 이상으로 삼고 기존의 오페라와 차별되는 음악극(Musikdrama)을 내놓아 한때 유럽 음악계뿐만 아니라 문학과 무대예술계를 뜨겁게 달구었으며, 이를 위해 부단히 자신의 예술 작업을 정당화하는 이론적 작업을 멈추지 않았던 사람이다. 또한 자신의 예술적 이상을 실현하기 위해 독일 남부 바이에른 주의 소도시 바이로이트(Bayreuth)에 자신의 작품만을 상연하는 전용 오페라 극장을 짓고 스스로 황제로 등극했던 사람이다. 근대적인 의미에서 최초의 음악 축제로 꼽히는 바이로이트 페스티벌은 140여 년 가까이 그의 예술적 성지로 군림하고 있으니 일견 그의 이상이 실현된 듯도 하다.

바그너의 예술적 이상을 지지하고 그에게 전폭적인 지지를 보냈던 바이에른의 왕 루트비히 2세의 행적은 오늘날의 시각에서 봤을 때 예술 후원에 관한 가장 극적인 모델이다.

바그너에 대한 비판과 혐오

하지만 바그너에 대한 반대와 비판도 만만치 않다. 특히 평생 빚에 쪼들려 도피 생활을 하면서도 호화로운 생활과 스캔들로 구설수에 올랐다는 점 그리고 히틀러가 그의 음악을 숭상했었다는 점이 지적되는데, 이것은 바그너의 위대한 예술의 무게만큼이나 그를 혹독한 비판대 위에 서게 한다. 특히 한국의 호사가들은 바그너가 자신을 지지하던 친구의 아내를 가로채 결혼한 사실을 잊지 않는데, 이것은 예술가 개인의 인격적 완성을 중요한 덕목으로 여기는 동양적(또는 한국적) 사고에서 볼 때 간과할 수 없는 것으로 여겨진다. 이로 인해 한 예술가의 예술적 업적을 평가하는데 있어 그것을 예술가 개인의 인격적 측면과 어떤 연관관계에서 바라보아야 할 것인지에 대한 논의도 절실해 진다고 하겠다.

음악과 정치의 연관성

한편 역사가들은 나치 지도자 히틀러와 나치당이 바그너의 음악을 자신들의 선전 도구로 악용했던 경우를 예로 들어 히틀러와 바그너의 관련성을 찾고자 끊임없이 노력해왔다. 이러한 관련성은 바그너 스스로가 한 명의 예술가이자 동시에 섣부른 형태로나마, 정치 지향적이었고 한때 혁명에도 가담한 이력의 소유자였기 때문에 더욱 짙어지는 듯 보인다. 이에 대해서 바그너의 음악은 일부 작품(가령 〈로엔그린〉이나 〈뉘른베르크의 마이스터징거〉 등)이 비유적으로 정치적인 내용을 담고는 있지만 그것은 색채가 약한 민족주의적 경향의 작품들이며 오히려 히틀러 등에 의해 악용된 경우에 불과하다는 주장이 지배적이다. 이는 동시대의 베르디가 초기 작품들에서 당시 오스트리아의 압제하에 있던 이탈리아 국민들의 애국심을 고취하기 위해서 민족주의적 색채의 작품들을 많이 썼던 것과 같은 맥락에서 이해할 수 있다. 그러나 소위 아도르노나 블로흐, 또는 루카치 같은 철학자는 바그너의 예술에 정치성이 매우 심각하게 내재되어 있다고 비판한다. 이들에 따르면 히틀러가 바그너를 택한 것은 우연이 아니었다는 것이다. 이 때문에 아직도 이스라엘 내에서는 바그너의 음악을 연주하는 것이 문화적으로 금기시 되어있다(몇 년 전 세계적인 유대인 지휘자

다니엘 바렌보임은 많은 반대를 무릅쓰고 이 금기에 도전하여 이스라엘에서 바그너 음악을 연주하기도 했다). 하지만 많은 유대인 천재 음악가들이 전 세계적으로 바그너의 음악을 연주하고 있는 모습은 바그너 음악과 유대인의 문제는 결국 특정 문화와 관습의 문제임을 보여준다고 하겠다. 바그너 음악 자체가 반(反)유대적 요소를 내재적으로 보유하고 있다는 주장은, 바그너 스스로가 유대인들이 본질적으로 훌륭한 예술가가 될 수 없음을 생물학적으로 밝히려고 했던 것만큼이나 무모한 시도로 보인다.

19세기 유럽 예술의 화두

필자는 바그너의 인격에 관련된 논의 또는 정치적 논의보다는 미학적 논의를 더 우선해야한다고 생각한다. 생산적인 논의가 되려면 그래야 하는 것이다. 즉 그의 예술은 생애(1813~1883) 전반에 걸쳐 19세기 유럽 예술의 근본적 성취와 해결 불가능한 과제의 총 집결체 또는 시금석이다. 예술가의 경제적 지위와 재정적 독립의 문제를 필두로 한 '예술(가)과 사회의 문제', 공연장에서의 대규모 공공 감상 그리고 예술과 예술가에 대한 극단적 숭배가 보여주는 현상과 연관된 '예술(가)과 종교'의 문제, 오페라의 역사에서 주기적으로 나타나

다가 낭만주의에 와서 극적으로 팽창하는 연극과 음악의 결합 문제(음악 예술의 자립성 문제)를 핵심으로 하는 '예술들의 통합 문제', 예술이 지성과 결합하면서 텍스트 밖의 요소를 의식하기 시작하는 '모더니즘과 상징의 문제', 그리고 예술과 세계의 관계에서 극단을 취하는 형태인 '예술지상주의의 문제' 등이 모두 바그너의 예술이 깊이 개입해 들어가 있는 19세기 유럽 예술의 화두들이었다. 이러한 많은 문제들은 바그너의 예술 작품들에 대한 분석과 해석, 그리고 그의 독특한 예술 이론에 대한 해명과 함께 음악, 문학, 미학 등의 학과를 넘나들면서 꾸준히 병행되어야 할 작업이라고 생각된다.

바그너 이해의 첫걸음

이 책은 2013년 탄생 200주년을 맞이하여 오페라의 팬들뿐만 아니라 일반인들에게도 이제는 친숙한 이름이 된 작곡가 바그너에 관한 교양서다. 물론 바그너의 생애와 음악 그리고 사상에 관한 책이 나온 게 이번이 처음은 아니다. 하지만 시중에 나와 있는 기존의 바그너 관련 책들은 대개 생애를 지나치게 길고 자세히 다루거나, 전문가도 이해하기 쉽지 않은 철학적 내용을 담은 본격적인 학술서들이었다. 하지만 필자가 보기에, 바그너를 이야기할 때 그의 대표작 〈니벨룽의 반지〉 그리고 그의 작품만을 공연하는 '바이로이트 페스티벌'에 관한 이야기를 충분히 하지 않으면 안 된다. 이 책은 지식적인 면에서나, 교양적인 면에서 바그너를 이해하고 즐기는 데 국내의 일반 독자들에게 꼭 필요한 내용들을 가능한 한 모두 다루고자 하였다. 바그너는 한때 오페라를 좋아하는 음악팬들조차도 다소 부담스러워하는 작곡가의 대명사였다. 하지만 시간이 지나고 많은 정보가 공개되면서 그러한 편견은 다소 사라졌다. 이제 바그너는 한 명의 훌륭한 오페라 작곡가이자 삶의 역경을 불굴의 노력으로 극복하여 인류 역사에 매우 중요한 예술적 유산을 남긴 중요한 작곡가로 자리매김하게 되었다. 이 책이 그러한 평가에 합당하고 유용한 책이 되길 바란다.

바그너의 생애

라이프치히와 드레스덴에서의 고난의 시기

바그너는 1813년 5월 22일 라이프치히에서 출생하였다. 어려서 드레스덴으로 이사하여 9세 때 피아노를 배우기 시작하고, 18세 때 라이프치히대학교에 들어가 음악과 철학을 공부하였다. 1832년에 작곡한 곡이 라이프치히 게반트하우스에서 연주되면서 작곡가로 데뷔하였다. 이 해부터 1839년까지 궁정 합창단장이나 음악감독 또는 지휘자로서 바이마르, 뷔르츠부르크, 마그데부르크, 쾨니히스부르크 등 독일과 러시아 각지를 돌며 생계를 이어나갔다. 1834년에는 〈요정(Die Feen)〉

을, 1836년에는 〈연애금제(戀愛禁制, Das Liebesverbot)〉를 뷔르츠부르크에서 완성하여 작곡가로서의 실력을 어느 정도 인정받았다. 1836년 여배우 민나 플라너와 결혼하였으나 첫 부인 민나와의 결혼 생활은 그의 음악인으로의 초기 불운한 시절과 마찬가지로 불행하게 끝났다. 1839년 〈리엔치(Rienzi)〉를 작곡하던 중 러시아령(領)의 리가에서 당시 유럽 최고의 예술도시 파리로 가 성공을 꿈꾸었으나 제대로 인정받지 못하고 좌절하였다. 이때 겪은 선배 작곡가 마이어베어에 대한 애증은 훗날 바그너의 '반(反)유대주의(Anti-Semitism)' 사상을 촉발하는 계기가 된다. 그러다가 1842년 〈리엔치〉가 드레스덴 오페라극장에서 공연된 것을 계기로 드레스덴으로 이주하여 궁정 오페라 극장의 지휘자가 되었다. 뒤이어 〈방랑하는 네덜란드인(Der fliegende Holländer)〉을 직접 지휘하여 초연했고(1843), 다음 작품 〈탄호이저(Tannhäuser)〉를 1845년에 발표하였다. 1849년에는 드레스덴에서 혁명이 일어났다. 왕정을 종식시키고 공화정을 세우자는, 파리에서 시작한 혁명의 물결이 독일에까지 흘러온 것이다. 바그너는 본인이 궁정 음악감독으로 생계를 유지하고 있음에도 불구하고 이 혁명에 가담하여 곧 체포령에 쫓기는 신세가 된다. 이때 친구이자 훗날 장인이 되는 작곡가 리스트의 도움으로 스위스 취리히로 망명길에 나선다.

취리히에서의 재기와 베젠동크 부부

취리히에서의 생활은 바그너에게 재기의 기회가 된다. 그에게 작곡에 전념할 수 있도록 생계비와 거처를 마련해준 사람은 예술을 사랑하는 대부호 오토 폰 베젠동크였다. 베젠동크가 취리히에 마련해 준 거처에서 그는 작곡과 집필에 전념하는 한편, 후원자 베젠동크와 그의 친구들을 자주 거처로 불러 자신의 작품을 직접 연주 또는 낭독하는 일종의 살롱 콘서트를 수차례 열며 친분을 쌓아갔다. 그러다가 후원자의 아내인 마틸데 베젠동크와 이루어질 수 없는 사랑에 빠지게 되었다는 이야기는 널리 알려져 있다.

직물 상인으로 큰 부를 쌓은 오토 폰 베젠동크의 아내 마틸데는 시작(詩作)에도 뛰어난 실력을 보였고 바그너의 음악을 매우 좋아하였다. 바그너는 베젠동크 부부를 취리히에서 1852년에 처음 만났는데 오토는 즉각 바그너 음악의 열렬한 팬이 되었고, 바그너의 요청으로 그의 땅에 작은 집을 지어 주었다. 세월

바그너(1867, 파리)

이 흐르면서 바그너는 마틸데에게 푹 빠져 버렸다. 마틸데는 그의 애정에 일부 답했던 것으로 보이지만, 그녀는 안정된 결혼생활을 위험에 빠뜨릴 생각이 없었으며, 남편 오토에게 자신과 바그너의 만남을 계속 알렸다. 하지만 마틸데에 대한 바그너의 사랑은 필생의 역작으로 작업중이던 〈니벨룽의 반지(Der Ring des Nibelungen)〉 시리즈의 작곡을 잠시 제쳐놓고 기사 트리스탄과 결혼한 귀부인 이졸데의 사랑 이야기에 기초한 〈트리스탄과 이졸데(Tristan und Isolde)〉의 작업을 시작하게 했다. 마틸데와의 사랑은 〈트리스탄과 이졸데〉의 완성으로 승화되었고, 마틸데의 시에 바그너가 직접 곡을 붙인 〈베젠동크 가곡집〉(전 5곡)으로 귀결되었다.

파리에서의 좌절

둘 사이의 불편한 애정 행각은 1858년에 바그너의 부인 민나가 마틸데에게 보낸 바그너의 편지를 보게 됨으로써 막을 내렸다. 바그너는 상황 정리를 위해 혼자서 취리히를 떠나 베니스로 향했다. 이듬해 그는 다시 파리로 가서 1845년 초연에 실패한 〈탄호이저〉를 개정하여 재공연을 하게 된다. 개정판 〈탄호이저〉의 1861년 초연 역시 대 실패로 끝났는데, 이는 당시 파리 사교계를 주무르던 막강한 귀족계급이었던 자키 클럽 소속의 귀족들에 의한 방해 때문이었다. 당시 자키 클럽 멤버들은 오페라가 시작된 후 한참 후에 극장에 들어와 큰소리로 떠들며 가수들에게 이래라 저래라 큰소리치며 권력을 행사하던 일종의 귀족 패거리였는데, 이후의 공연은 모두 취소되었고, 바그너는 두 번의 실패를 경험한 이 한 맺힌 도시 파리를 서둘러 떠났다. 바그너의 두 번에 걸친 파리에서의 실패는 그의 일생에 가장 큰 좌절의 경험을 제공했다. 그의 악명 높은 반유대주의 논문「음악에서의 유대성」(1850)의 저변에는 바그너의 파리에서의 실패와 이와 대조되는 독일계 유대인 작곡가 마이어베어의 성공에 대한 강렬한 질투가 깔려있었다.

쇼펜하우어와 예술 이론서들

한편 바그너가 드레스덴 혁명 이전에 완성한 〈로엔그린 (Lohengrin)〉은 친구 리스트의 헌신적인 도움으로 1850년 8월, 바이마르 극장에서 초연되었다. 이 공연의 지휘 역시 리스트가 맡았다. 이 일로 둘 사이의 끈끈한 우정이 재차 확인되기도 했다. 하지만 바그너는 여전히 궁핍했고, 독일 음악계에서 고립되었으며 아무런 소득도 없었다. 그가 쓰고 있던 혁신적인 작품 〈니벨룽의 반지〉는 당시 유행하던 오페라와 너무도

달랐기 때문에 공연될 가망이 전혀 없어보였다. 한편 바그너는 취리히에서의 처음 몇 해 동안 주목할 만한 예술 이론서를 발표하였는데, 『미래의 예술작품』(1849)에서 그는 음악, 노래, 춤, 시, 시각 예술, 무대 기술 등이 종합된 개념인 '종합예술작품(Gesamtkunstwerk)'으로서의 오페라의 비전을 설명했다. 또 자신의 논문 「음악에서의 유대성」은 유대인 작곡가의 작품이 왜 진정한 독일 민족의 예술의 범주에 속하지 못하는지를 논증하려고 시도한 글로, 이 글로 인해 훗날 바그너는 '반(反)유대주의자'라는 오명을 얻게 된다. 이듬해 완성한 글 「오페라와 드라마」(1851)는 그가 오랜 시절 몰두하고 있던 필생의 작품 〈니벨룽의 반지〉 4부작의 미학적 설명을 담고 있다.

취리히에서 그는 〈트리스탄과 이졸데〉의 철학적 기초를 제공한 쇼펜하우어의 사상과 만나게 된다. 1854년에 그는 친구로부터 철학자 쇼펜하우어의 저작을 소개받았는데 바그너는 후에 이를 그의 생애 가운데 가장 중요한 사건이라고 불렀다. 그의 불우한 개인사적 환경과 편력은 역설적으로 그가 인간 조건에 대해 비관적인 관점을 견지하는 쇼펜하우어의 철학에 쉽게 빠져들도록 만들었다. 그는 이후 명성을 얻고 경제적으로 성공한 후에도 일평생 쇼펜하우어의 철학을 지지하는 신봉자로 남았다. 잘 알려져 있다시피 쇼펜하우어 철학은, '음악이 모든 예술 가운데에서 최고이며, 이는 음악이 물리적 세계와 연관되지 않은 유일한 예술'이라는 주제를 담고 있기 때문이라는 것이다. 바그너는 당연히 이 주장을 환영했다. 학자들은 이러한 쇼펜하우어의 영향이 바그너로 하여금 그의 〈니벨룽의 반지〉 4부작의 후반부 작품들, 즉 〈지그프리트〉와 〈신들의 황혼〉과 〈파르지팔〉 같은 후기 오페라의 작법에 크게 영향을 미쳤다고 보고 있다. 많은 면에서 쇼펜하우어의 예술론의 영향은 바그너의 향후 작품의 대본에서도 발견된다. 예를 들어, 〈뉘른베르크의 마이스터징거(이하 마이스터징거)〉에 나오는 구두장이 시인 한스 작스는 일반적으로 바그너 자신을 가장 많이 반영하는 인물로 간주되는데, 이는 물론 역사상 실존한 인물을 바탕으로 한 것임에도 불구하고 쇼펜하우어적인 창조의 전형을 보여준다.

1861년에 작센 왕국에서 바그너에 대한 정치적인 추방이 해제되었고, 그는 프로이센 왕국의 비브리히에 머무르면서 〈마이스터징거〉의 곡 작업을 시작했다. 〈마이스터징거〉는 그의 모든 작품 가운데에 가장 밝은 작품이다. 만일 작곡가의 일상이 그의 작품의 내용적 분위기까지도 지배한다는 이론이 맞다면 〈마이스터징거〉의 밝은 분위기는 취리히에서 성공한 바그너의 안정감이 반영되었다고 볼 수 있다. 그의 두 번째 아내 코지마는 나중에 "미래 세대가 이 독특한 작품 안에서 상쾌함을 찾는다면, 그들은 눈물 속에서도 미소가 떠오르는 생각을 하게 될지도 모르겠습니다."라고 썼다. 1862년에 바그너는 결국 민나와 이혼했지만, 그녀에 대한 경제적인 지원은 1866년 사망할 때까지 계속됐다.

뮌헨과 바이에른 왕 루트비히 2세

라이프치히, 드레스덴, 파리, 취리히를 전전하던 풍운아 바그너에게 1864년 마침내 행운이 찾아왔다. 바이에른 왕국의 젊은 국왕 루트비히 2세가 나이 19세로 즉위하자마자 그를 찾은 것이다. 젊은 왕은 어린 시절부터 바그너가 만든 오페라의 열렬한 숭배자였기에 그 오페라의 작곡자를 뮌헨으로 데려왔다. 그는 바그너의 상당한 빚을 해결해 주었고, 그의 새 오페라를 바이에른 왕국에서 공연할 계획을 세웠다. 이렇게 하여 취리히 호숫가에서 완성 후 공연의 기회를 찾던 〈트리스탄과 이졸데〉는 뮌헨 왕립 극장에서 1865년 6월 10일에 초연되어 큰 성공을 거두었다.

이 때 바그너에게 또 한 명의 여자가 나타났는데, 이번에는 바그너의 가장 큰 이론적 지지자이자 〈트리스탄과 이졸데〉 초연의 지휘자였던 한스 폰 뷜로의 아내인 코지마 폰 뷜로였다. 코지마는 프란츠 리스트와 유명한 백작 부인인 마리 다구(Marie d'Agoult) 사이의 사생아로, 바그너보다 24살 연하였다. 1865년 4월, 그녀는 바그너와의 사랑의 결실로 딸을 낳았고, 이름을 이졸데라고 지었다. 그들의 애정 행각은 곧 뮌헨에 추문으로 떠돌았고, 설상가상으로 바그너는 지나치게 예술에 빠져든 왕을 못마땅하게 여기는 뮌헨의 왕족들 사이에서 요주의 인물이 되었다. 1865년 12월, 루트비히 2세는 결국 신하들의 주장에 굴복하여 바그너에게 뮌헨을 떠날 것을 명령하였다. 은둔과 환상의 세계에 빠져 현실 정치에 관심이 없던 루트비히 2세는 심지어 왕위를 버리고 그의 예술적 영웅 바그너를 따라 망명할 생각도 했었지만, 바그너가 이를 극구 말렸다.

트립쉔과 코지마

뮌헨을 떠난 바그너는 스위스의 루체른 호 인근의 빌라 트립쉔(Tribschen)으로 와 다시 창작에 매진했다. 〈마이스터징거〉는 이곳 트립쉔에서 1867년 완성되었고, 다음 해 6월 21일에 뮌헨에서 초연되었다. 이해 10월 코지마는 결국 한스 폰 뷜로와 이혼하고 3년 후인 1870년 8월 25일에 바그너와 결혼했다. 오늘날 우리의 윤리 의식으로 봤을 때 코지마와 첫 남편 한스 폰 뷜로 그리고 두 번째 남편 바그너와의 관계는 다소 이해하기 힘든 측면이 있다. 코지마와 바그너의 사랑이 발전하는 것을 한스 폰 뷜로는 잘 알고 있었지만 그럼에도 불구하고 세 사람은 공식 석상에서 계속 만나 교류를 나눴다. 그는 부인의 외도를 알고도 바그너에 대한 이론적 지지를 철회하지 않았다. 지금도 기성세대 음악 팬들은 바그너가 친구의 부인을 가로챈 패륜아라고 비난하지만 이 세 사람의 인간적 관계를 다시 살펴보면 그것은 코지마라는 불세출의 여인이 소심한 첫 남편 폰 뷜로를 버리고 곧 유럽을 호령하게 될 위인 바그너를 선택한 연애 사건이라고 판단하는 게 맞다고 본다. 이러한 입장은 향후 바이로이트에 정착하여 페스티벌을 설립하고 바그너의 사후에 바이로이트를 성공적으로 경영했던 코지마의 역사를 보면 분명해진다. 코지마는 바그너와의 결혼 후 두 번째 딸 에파와 아들 지그프리트를 낳았다.

또 한 명의 철학자 니체

트립셴에서 1869년에 바그너는 또 한 명의 거대한 철학자 프리드리히 니체를 만났다. 둘은 31살의 나이 차이에도 불구하고 급격히 친해졌고 사상적으로 가까운 친구가 되었다. 바그너의 사상은 니체에게 중대한 영향을 주었고, 니체는 바그너를 자신의 예술론의 원형으로 구축하였다. 니체는 첫 책 『비극의 탄생(Die Geburt der Tragödie)』(1872)을 바그너에게 헌정하였다. 하지만 둘 사이의 관계는 니체가 바그너가 지닌 다양한 측면의 생각들에 다가가면서부터 점차 벌어졌다. 또 섬세하고 내성적인 니체에 비해 직설적이고 저돌적인 바그너의 언행은 니체의 내면에 큰 상처를 주었다. 니체는 후속작 『바그너의 경우(Der Fall Wagner)』(1888)와 『니체 대 바그너(Nietzsche Contra Wagner)』(1889)에서, 바그너의 생각을 퇴폐하고 타락한 것으로 비난했고, 심지어 그가 청년 시절에 지녔던 미숙한 시야에 대해서도 스스로 냉혹하게 비판했다.

예술과 생의 완성, 바이로이트

트립쉔에 있던 바그너는 루트비히 2세의 후원으로 다시 바이에른으로 복귀하였다. 1871년에, 그는 바이에른의 작은 마을인 바이로이트를 그의 새 오페라 극장이 세워질 위치로 결정했다. 바그너의 가족은 이듬해 바이로이트로 이주하였고, 바이로이트 축제 극장의 초석을 놓았다. 공사를 위

바그너의 초상화(르누아르, 1882)

한 자금 조달을 위해, '바그너 협회'가 각 도시에 결성되었고, 바그너 자신도 공사비 마련을 위해 독일 전역에 콘서트 여행을 시작했다. 하지만 결국 부족한 자금은 루트비히 왕이 지원했다. 루트비히가 바그너를 위해 마련해 준 새 거처는 '반프리트(Wahnfried)'라는 이름을 얻었다. 반프리트는 '나의 광기가 마침내 평화와 안식을 찾은 곳'이라는 뜻이다. 바그너는 그의 새 가정에 안착하여, 그의 에너지를 〈니벨룽의 반지〉를 완성하는 데 쏟아 부었다. 루트비히의 강경한 고집으로 〈니벨룽의 반지〉의 첫 두 작품 〈라인의 황금〉과 〈발퀴레〉는 뮌헨에서 초연되었지만, 4개 작품의 온전한 초연은 1876년 8월 바이로이트에서 거행되었다. 이것이 바로 제1회 바이로이트 페스티벌이다.

1877년에 바그너는 그의 최후의 오페라인 〈파르지팔(Parsifal)〉에 만들기 위한 작업을 시작했다. 작곡에는 4년이 걸렸으며, 그동안에 그는 또 종교와 예술에 대한 글을 썼다. 바그너는 〈파르지팔〉을 1882년 1월에 완성했고, 그해 여름 두 번째 바이로이트 축제가 이 새 오페라를 위해 열렸다.

두 번째 바이로이트 축제 이후, 바그너의 건강 상태는 매우 악화되어 바그너 가족은 요양을 위해 베니스로 떠났다. 1883년 2월 13일, 바그너는 결국 베니스의 팔라초 벤드라민(Palazzo Vendramin)에서 숨을 거두었다. 향년 71세였다. 곧 그의 시신은 바이로이트로 운구되어 반프리트의 정원에 묻혔다.

바그너의 예술관

오늘날 바그너는 오페라 역사에서 매우 중요한 작곡가의
한 명으로 기록되어 있으나 생애 내내 그는 작곡가이기 이전
에 시인이자 예술 이론가로 자리매김하기 위해 스스로 끊임
없이 노력했다. 즉 작곡가와 이론가로서의 중요성을 넘어서
극작가, 무대 감독, 소설가, 수필가와 가극 대본 작가이기도
했던 것이다. 토마스 만은 그의 〈니벨룽의 반지〉 강연(1937년)
에서 "바그너의 시인성을 의심한다는 것은 나에게 언제나 모
순이었다."라고 했다. "지그프리트와 보탄의 관계, 그의 파괴
자를 향한 신(神)이자 아버지다운 조소와 냉연(冷然)한 애정,
영원한 젊은이를 위해 사랑을 품은 채 낡은 권력의 보좌에서

퇴위하는 것보다 시적으로 더 아름답고 더 심오한 것이 있을까? 여기에서 음악가가 발견하는 그 경이에 찬 소리를 그는 시인에게 힘입고 있다." 바그너에 있어 음악과 문학은 서로 긴밀한 관계 속에 있다. 프리드리히 니체는 『바그너의 경우』에서 이렇게 말한 바 있다. "바그너는 그의 음악을 '그것이 중요한 어떤 것을 의미하고 있으므로' 진지하게 받아들이도록, 깊이 받아들이도록 온 세상을 설득시키기 위해 문학을 필요로 했다. 그는 평생토록 그 '이념(理念)'의 주석자였다."

바그너는 낭만적인 태고의 언어, 즉 오성(悟性)에 의해 아직 굴절되지 않은 감각적인 감정 언어에 의존하여 두운법(頭韻法, Stabreim, 시에서 첫머리 글자에 비슷한 소리가 나는 음을 넣어서 운율을 형성하는 방법 – 편집자 주)을 부활시켰다. 언어와의 결합은 문학에서 그것이 가지는 미적 자율성, 독자적인 표현의 가치를 빼앗았지만 〈요정〉(1833)에서 〈파르지팔〉(1877~1882)까지 바그너가 만든 가극들은 그때마다 뛰어난 정신사적 증언으로 간주된다.

바그너는 고대에 이미 발현되었던 문학, 음악 극예술과 조형미술 등 복합적이고 '종합예술작품'을 그의 음악극 속에 이루어 놓았다. 이것은 한 민족의 공동체적 체험과 국민적인 종교의 봉헌극 사상을 결합시켜 일치의 효과를 보는 것을 목표로 한다. 이 점에 있어서 바그너는 낭만적 사고의 최후의 정점이자 성취자이다. 중세의 소재들, 민중문학, 민족 신화에 대한 그의 선호가 입증하듯 음악 및 문학 창작 활동에 있어서 바그너는 낭만주의로부터 강한 영향을 받았다. 그는 또한 포이에르바하의 사상, 쇼펜하우어의 염세주의와 동시대의 심리학의 영향 아래에 있었다. 무엇보다도 바그너는 신과, 신앙을 잃어버린 자연 과학의 시대를 예술 속에서 극복하고자 애썼다. 유도동기(Leitmotiv, 악극 등에서 주요 인물이나 사물, 특정한 감정 등을 상징하는 동기, 혹은 그런 동기를 취하는 구절—편집자 주)를 사용하여 거장다운 기술을 발휘한 그의 음악극들은 내용에 있어서 감각적 향락을 즐기는 세속적 측면과 신비주의적 구원의 동경이라는 측면이 대비되어 있다.

음악가와 시인으로서의 바그너

음악가인 동시에 시인인 바그너의 작품은 따라서 가극 애호가들뿐만 아니라 문학 애호가들에게도 각별히 중요하다. 바그너는 음악에서뿐 아니라 그의 가극들의 대본 작가로서도 천재성을 여실히 증명하였다. 그의 가극 대본들은 그저 대본서가 아닌 그 이상의 것이다. 그의 대본들은 예술사 최후의 위대한 비극 작가가 다양한 문학적 전통들을 수용하여 만들어 낸 것이었고, 극중 인물들을 통해 항시 새로운 해석을 요구하게 만드는 까다로운 '가극 계획안'들이었다.

괴테 시대가 끝난 이후로는 독일의 극작가나 소설가 중 거의 어느 누구도 세계문학으로의 입구를 발견치 못했던 반면, 작곡가이며 시인이기도 한 바그너는 20세기를 넘어설 때까지의 다른 어떤 독일 작가들의 것과도 비교될 수 없는 강력하고도 세계적인 영향력을 행사했다. 특히 19세기 후반 프랑스 문학에 행사한 그의 영향력은 중세의 베르길리우스와 18세기 독일에 셰익스피어가 끼친 중요성과 비견될 만 했다. 그의 작품이 독일의 19세기가 세계문학에 선사한 가장 영향력 있는 선물이라는 사실에는 의심의 여지가 없다.

음악가이며 시인인 바그너는 그러나, 순수한 의미의 시인, 또 순수한 의미의 음악가는 아니다. "중요한 것은 비범해야 한다는 것이오. 나에게 있어서는 시인과 음악가와의 연합에 악센트가 주어져야 하오. 음악가만으로서의 나는 별 의미를 갖지 못할 것이오." 바그너는 단순히 음악가일 뿐이라면 바하, 하이든, 모차르트, 베토벤 같은 기악곡의 대가들에 비해 자신이 하위에 선다는 생각을 자주 품고 있었다. 그러나 음악과 문학의 결합에 있어서는 다른 이들이 그를 결코 능가하지 못한다는 확신을 갖고 있었다. 그 결합은 '가극대본(Libretto)의 음악화(Vertonung)'를 뜻하는 것이 아니다. 그것은 그의 극문학 속에서의 '음악의 지배', 또는 더 이상 음악 독자적으로가 아니라 시적 암호들, 상징들로서 이해될 수 있는 유도동기들을 언어와 유사하게 의미론화함으로써 음악을 '문학화'하는 것을 뜻한다. 바그너에 따르면, 모든 필수적인 표현 요소들을 정신에 완전히 전달하는 것은 "하모니의 함께 울림"을 통해서만 가능하다. 그런데 "하모니를 함께 울리게" 하는 것은 음악가가 가지고 있는 능력이기 때문에, "표현되어 있지 않은, 그러나 시행들 속에 이미 내재해 있는 하모니를 가진" 시인의 멜로디는 그 드러나지 않은 하모니를 가장 잘 인식할 수 있게 표현해줄 음악가의 도움을 거친 후에야 그것의 완전한 표현에 도달할 수 있다. 다시 말하자면, "시인이 멜로디에 암시해 놓은 의도"를 음악가가 그 멜로디에 하모니를 덧붙이면서 비로소 실현화한다는 것이다. 이런 의미에서 그는 '음악'극이 "인간 성향의 완전한 표현형태"라고 보았다. 또 그는 실제로 이런 식의 음악적·시적 표현 수단들의 결합을 통해 독보적이고, 보다 고차원적인 문학을 만들어냈다. 이리하여 세계는 바그너의 작품이 무대에서 보여주는 신화적 상상력에 힘입어 연극사에 있어서 시적으로 가장 위대한 인물들과 상황들을 얻게 되었다.

혁명적 오페라 이론 – '종합예술작품'

낭만주의 미학 이론의 최정점이자, 가장 강력한 성과물인 바그너의 이른바 '종합예술작품(Gesamtkunstwerk)' 이론은 그 자신의 예술 작품 뿐 아니라, 뒤따르는 세대들의 창작 활동에도 심대한 영향을 끼쳤다. 당시 일상화된 극장 예술의 관습을 거부하고 비극적 에너지의 시원을 탐구하여 모든 예술이 통합된 강력한 드라마를 창조한 바그너의 위업을 그의 이론을 통해 자세히 살펴보자.

이상적인 예술의 모델－그리스 비극

바그너에 의하면 그리스 문화의 위대함은 비극에 존재하는
데, 고대 그리스 비극은 하나의 종교적 체험으로서 '지고의 예
술형식'이었다. 그에게 이 예술은 진지한 공동체적 표현으로
서 하나의 통일된 예술 작품을 형성하며 공동체의 모든 본성
을 반영하였다. 그러나 로마의 세계 지배 말기 가톨릭의 지배
하의 시대 상황은 존재를 혐오하고 자조하며 공동체를 증오
하도록 가르쳤다. 그리하여 예술은 공동체적 삶의 진정한 표
현일 수 없었으며, 그것이 표현할 수 있었던 것이란 오로지 기
독교 정신뿐이었다. 이러한 관점에서 바그너는 기독교가 유
럽의 예술에 미친 영향을 검토하고, 그것이 유럽의 예술적 가
치들이 쇠퇴한 원인이라고 분석하기에 이른다.

바그너는 그리스인들이 "극히 훌륭한 인간적 삶의 결과인
자발적인 예술의 모든 풍부한 요소들에다 언어라는 끈을 연
결시켜서, 그것들을 모두 한데 모아 지고의 예술 형태인 드라
마를 탄생시켰던 것이다."라고 주장한다. 바그너가 비극들에
예시되어 있는 바와 같은 드라마의 필요조건들을 그리스인들
로부터 물려받아서 현대의 상황에 맞춰 재창조할 것을 주장
하였던 것은, 드라마가 인간의 삶으로부터 유기적으로 성장
해 나와야만 한다는 자신의 믿음에 근거한 것이었다.

그리스의 비극은 예술 작품화된 종교 의식이었다. 그리스 종교의 핵심은 바로 인간, 있는 그대로의 본능적인 인간이었으며, 이러한 종교의 핵심을 털어놓는 것이 예술의 역할이었다. 예술은 종교가 은폐하고 있는 최후의 의상을 벗기고 종교의 핵심인 실제의 육체적 인간을 있는 그대로 보여줌으로써 그러한 역할을 수행하였다. 바로 이런 방식으로 청중의 정신이 고무되었을 때 예술은 번성하였으며, 청중이라는 인간적 형제애가 깨졌을 때 인간의 예술 작품 또한 소멸하였던 것이다. 바그너가 말한 보편적 의미에서의 인간은 '청중'이라는 공동의 집단적 요구를 느끼는 모든 이들을 통칭한다.

바그너가 그리스인으로부터 물려받아 재창조할 드라마의 필수조건으로 들고 있는 것은 다음과 같다.

① 주제가 공동의 경험의 일부라는 의미에서 일반 대중에 의해 '리얼하다'고 인식되어야 한다.

② 그 경험은 시인에 의해 농축되어야 하며 모든 지엽적인 문제들은 삭제되어야 한다.

③ 그것은 지성에 의해 찾아질 수 있는 것은 하나도 남기지 않은 채 청중의 감정에 직접적으로(직관적으로) 전달되어야 한다.

이러한 조건을 만족시키기 위해 바그너가 찾아낸 것이 바로 신화(神話)였다. 이것은 민족과 종족을 초월하고 있으므로 과거를 이해하는 데 보다 합리적일 뿐만 아니라 매우 집중적이고 시적인 형태로 인간 생활에서 기본적으로 중요한 여러 철학적 문제를 구현하고 있다고 바그너는 생각했다. 이와 같이 바그너는 신화가 인간의 삶의 표현이며, 신화에서도 나타날 수 있는 역사는 보편적 인간을 나타낸다고 보았다. 그는 신화가 인간의 모든 내부 동기들을 표현하기 때문에 보편화될 수 있다고 보고 여기에 더욱 몰두하게 되었다.

예술적 도덕성과 오페라 개혁

바그너 미학의 핵심은 엄격한 '예술적 도덕성'에 있다. 이것은 19세기 중반의 극장 예술에 대한 바그너의 비판을 나타내는 것이다. 그에 따르면 16세기 말, 그리스 비극의 재구성이라는 이상을 내걸고 이탈리아에서 만들어진 오페라는 이후 가수와 무분별한 청중을 위한 극장 음악으로 타락해버렸다. 「예술가와 대중」(1841), 「대중과 대중성」(1878) 등의 글에서 바그너는 당시 대중들을 조롱에 가까운 어조로 힐난한다.

"왕자가 푸짐한 저녁 식사를 마친 후, 은행가가 고된 재정 경영을 끝낸 후, 그리고 노동자가 수고로운 하루를 마친 후,

극장으로 가서 휴식과 기분 전환과 즐거움을 찾을 때, 과연 예술가가 무엇으로 그들을 접대할 것이냐는 태도는 정당한 것처럼 보일 수도 있다. 그러나 그런 목적을 위해서라면 예술이 아닌 어떤 다른 것을 사용하는 것이 보다 예의바른 일이 아니겠는가?"

그는 극장이 공중 예술의 주요 형식으로서, 사회적인 영향력을 갖는 강력한 매개 역할을 하여야 한다고 생각했다. 바그너에 있어서 마이어베어에서 절정을 이루었던 화려한 파리의 그랜드 오페라는 밤의 대중을 겨냥해 여흥을 조달하는 단순한 오락에 불과했다. 극장이란 그 시대 민중의 정신을 반영하는 문화의 극치로서, 타락한 일반 대중의 취미에 영합해서는 안 된다. 오히려 극장은 그 무대 공연의 정신이 보다 고상한 예술을 이해하고 있는 이들의 지시에 통제되도록 함으로써 대중의 취미를 개선하는 데 힘써야 한다고 그는 주장했다. 그러나 바그너가 보기에는 당시의 극장 예술, 특히 오페라는 쾌락만을 고무시킴으로써 대중을 타락시키고, 고상한 것을 통속화하며, 마침내는 전 대중을 아주 무질서한 속물들로 타락시키고 있었다. 그 결과 예술은 상품적 가치로 전락되었으며 예술가는 그러한 것들을 제공함으로써 자기 자신과 대중을 기만하고 있었다. 그가 보기에 오페라는 각각 순수 음악적인 어떤 것에 의해서가 아니라, 음악 외적인 필연성에 의해 존재하는 것처럼 보였다. 이런 작품들 중에서는 목적과 수단이 완전히 일치하는 예술은 창조될 수가 없었다. 그저 전체적인 구성을 무시한 채 가수들의 특별한 기교만을 내보이려 한다는 데에 또한 바그너의 비난이 가해진다. 가수들은 자기 주변의 노래와 연기가 어떻게 되어가고 있는가 하는 전체적 구성을 전혀 생각하지 않고 순전히 비르투오소적(현란한 연주 테크닉을 구사하는 명인기적)인 연주에 탐닉함으로써, 또한 청중은 그것에만 주목함으로써 불필요한 종속물의 수준으로 타락했다는 것이다. 이러한 미학적 관점은 '예술을 위한 예술'이라는 바그너의 지극히 현대적인 생각을 여실히 보여준다.

따라서 바그너는 청중을 '예술 작품의 종'들이라고 칭하며, 단순한 청중이 되기를 포기하고 대신에 '종교적 회중(Kultgemeinde)'이 되기를 호소한다. 종교적인 의미의 예술 개념은 헤겔에서 바그너로 오는 동안 그 의미가 변했다. 헤겔은 『정신현상학』에서 종교가 예술에서 그 자체를 드러내는 것이라고 정의했다. 그러나 바그너에 있어서 예술은 종교의 자리를 침범하고 있었다.

종합예술작품을 향하여

서양의 예술사에서 낭만주의 시대의 가장 위대한 작품들은 형식과 구조라는 전통적 원리와 균형을 이루며 그로부터 새로운 예술적 실체를 창조해냈다. 그러한 예술적 원동력이 기존 예술 원리에 대한 반동적인 힘들이었다는 사실이 낭만주의의 근본적인 배경이다.

예술, 정치, 사회, 종교에 대한 낡은 이념들의 붕괴는 인간을 그 자신의 수단에 의지하게 하였고 그럼으로써 인간은 더욱 창조적으로 변모했다. 이러한 조건은 새로운 예술적 충동을 낳게 하였다. 바그너라는 낭만주의 최고의 예술가는 이러한 낭만주의적 기운에서 태어난 인물이다. 그는 음악·문학·연극적 기술에 숙련된 사람으로서 새로운 예술 통일의 예를 확립하였다. 바그너가 추구한 것은 종합예술작품으로서의 '음악극'이었다. 이러한 그의 예술관은 쇼펜하우어의 미학, 셰익스피어의 비극, 베토벤의 음악으로부터 큰 영향을 받은 것이었다.

바그너는 예술을 인간으로부터 직접 유래한 것(ⓐ)과, 자연적 요소로부터 인간에 의해 만들어진 것(ⓑ)으로 구분했다.

ⓐ 무용(동작), 음악, 시……인간은 주체이자 동인(動因)

ⓑ 건축, 조각, 회화……자연에 대한 예술적 묘사

　바그너는 이러한 예술들이 개별적으로는 빈약하다고 생각했다. 그리스 드라마에서의 이상적·예술적 모델이 시간이 지나면서 소실된 이래, 각각의 예술은 개별적으로 이기적인 발전을 해 왔다. 그러나 이 예술들의 역사는 그 자체로는 불완전한 예술 각각의 국면들에 대한 하나의 연속적인 묘사로서, 자신들의 결핍을 메우기 위한 여러 속임수들에 의한 것이었다고 그는 주장한다.

　바그너는 오페라가 행했던 종합의 시도를 실패라고 보았는데, 그 실패의 원인을 각각의 예술들이 서로 빼앗기만 하고 주지는 않는 '이기주의'에 있다고 보았다. 바그너는 베토벤과 셰익스피어의 작품을 위 ⓐ의 세 예술(무용, 음악, 시)들이 결합한 미래의 예술 작품이 될 가능성이 있는 최초의 도구들로 여겼다. 베토벤이 음악에 언어를 첨가함으로써(그의 〈교향곡 9번〉) 음악에 대한 새로운 차원을 제시하였다고 본 것이다. 그러나 음악으로는 그 이상의 단계가 불가능하다고 여겼다. 보다 높은 단계의 예술 작품은 보편적인 드라마로, 바그너는 베토벤이 이 예술의 부활을 위한 열쇠를 만들어 주었다고 보았다. 또한 바그너는 셰익스피어에게서 시와 드라마(앞 문장의 '드라마'와는 그 의미가 다름에 주의)의 완성된 형태를 발견하였다고 생각했다. 이제 바그너에게는 이들 두 절반들을 하나로 결합하는 일이 미래의 예술 작품에 남겨진, 그리고 자신에게 남겨진 과업이었다. 기존 오페라와 바그너의 음악극을 비교하면 다음의 도식으로 간단히 정리할 수 있다.

① 기존 모델 : 오페라 = 대본(드라마, 극) + 음악
— 이 경우 극(대본)은 철저히 음악에 봉사
② 종합예술작품 : 보편적인 드라마 = 대본+ 음악 + 〔건축·조각·회화 + 무용 등의 모든 예술〕
— 보편적인 드라마(이상화된 드라마)는 모든 예술이 종합되어 강렬한 정서 표현이 최고조에 다다르는 새롭고도 궁극적인 예술 형식

바그너의 예술 언어

유도동기

유도동기(Leitmotiv)는 작품을 이끌어나가는 주제 악상을 가리킨다. 바그너의 유도동기 기법은 특히 그가 필생의 역작으로 내놓은 〈니벨룽의 반지〉 4부작에서 그 빛을 발한다. 인류가 창조해낸 모든 위대한 음악 작품 중 바그너의 〈니벨룽의 반지〉는 단연 가장 방대하다. 4일간 연주되는 총 작품의 길이만도 15시간에 이른다. 바그너는 이런 거대한 작품에 통일성을 주기 위해, 반복적으로 등장하는 수많은 음악적 단위들을 작품의 어떤 극적 내용들과 관련시키고, 작품 전체를 통해 상호 연관되어 발전해 나가도록 작곡을 하였다.

이런 음악적 단위들은 후에 '유도동기'라고 불리게 되었는데, 유도동기는 "이것은 무슨 동기고, 저것은 무슨 동기다" 식의 단순한 네임 태그 같은 것도 아니고, 극의 진행에 따라 적당한 순간에 해당 동기가 차례로 등장하는 식의 동기 모음집도 아니다. 바그너 자신은 이런 동기들을 '감정의 멜로디적 순간'이라고 했고, "이 멜로디적 순간들은 오케스트라가 만들어 내면서, 드라마 전체의 미로 같은 구조를 관통하는 일종의 정서적 가이드 역할을 한다."고 썼다. 바그너가 의도한 동기들은 실제에서는 근본적으로 심리적인 의미를 지니며, 〈니벨룽의 반지〉의 악보는 그런 의미들이 교향악적으로 계속 발전해 나가며, 동시에 무대 위에서 진행되는 사건들의 심리적인 발전에 대응되도록 조직화 되어있다.

유도동기를 정확하게 이해하기 위해서는 바그너가 오케스트라에 부여한 임무를 파악하는 것이 우선이다. 바그너에 의하면, 그의 음악극에서 성악은 사물의 외면을, 오케스트라는 그 본질을 표현한다. 오케스트라의 이러한 역할은 그리스 비극에서 코러스의 역할과 동일하며, 또한 쇼펜하우어가 말한 '음악은 의지 자체의 모사'라는 주장과도 일맥상통한다.

'칼의 동기', '지그프리트의 동기'라는 식으로 사물, 사건, 인물들에 부여된 악상 세포인 동기들은 그들 서로 간의 자유로운 변형과 조합을 통하여 드라마의 내적 본질을 표현하며 이는 바그너가 말한 바와 같이 그의 드라마를 이해하는데 있어 '정서적·심리적 가이드' 역할을 하게 된다. 예를 들어, 테너와 소프라노인 두 남녀 성악가가 열정적인 사랑의 언어를 노래할 때(사물의 외면) 오케스트라(내적 본질)가 '사랑의 저주 동기'를 연주한다면 이는 둘 사이의 사랑이 '저주받은 사랑'이란 사실을 관객에게 알려주는 것이다. 〈니벨룽의 반지〉의 경우, 100여 개가 넘는 동기들이 나오는데 이들 동기들은 음조, 오케스트라 편성, 하모니, 리듬의 변화를 바탕으로 무한히 변형·발전하면서 무대 위에서 일어나는 사건들과 상호교감한다. 바그너의 이러한 유도동기는 시에 있어서는 모더니즘, 소설에 있어서는 '의식의 흐름'이라는 기법의 토대가 되었다.

무한선율

무한선율은 그의 종합예술작품 개념과 불가분의 관계로 기존 오페라들의 폐해, 즉 '번호 오페라(Number Opera)'에서처럼 극과 음악이 번호들로 나뉘어져 연속성이 단절되는 것을 막기 위한 선율적 장치이다.

고전주의 음악의 구문법(작곡 구성법)은 춤 음악에 바탕을 둔 것으로 투명한 전개를 그 특징으로 하나, 단위는 아주 단순하고 짧다. 따라서 이러한 전래의 구문법에 따를 경우, 짧은 시간에 의미를 완결 짓는 음악과 비교적 긴 시간을 요구하는 연극적 의미와의 불일치가 일어나게 된다. 그리하여 이러한 불일치를 해결하기 위한 방법으로 음악은 연극과 결합하려 하기보다는 시와 결합하려 했다. 시의 전개는 음악만큼이나 압축적인 까닭이다. 따라서 오페라의 아리아는 연극 대본처럼 꾸며지지 않고 서정시처럼 꾸며진다. 그러나 바그너는 이러한 기존의 방식을 연극이 음악의 시종이 되는 방식이라 하여 따르지 않고, 음악이 연극의 속도를 맞추어가는 방식을 주창하였다. 이제 음악은 연극과 보조를 맞추기 위하여 독특한 방법을 사용하는데, 바로 속 시원하게 종지가 나타나 음악의 구문법이 정리되는 것이 아니라, 휴지와 종지를 회피하여 감정의 고조에 따라 끊임없이 흘러가게 만드는 선율법이 그것이다. 이를 '무한선율'이라 한다.

'무한선율' 개념의 기초를 이루는 본질적인 조건은 음악 작품 전체를 통해서 각각의 순간은 다른 순간의 의미와 동등한 '의미'를 갖는다는 것이다. 이러한 무한선율은 바그너의 말처럼 '완전히 처음부터 끝까지' 흘러야만 하는데, 그러기 위해서는 개개의 음악적 사건들과 형태들이 무의미하게 메워진 상태로 아무런 내적 관계도 없이 나란히 배열되어 있어서는 안 되며, 서로가 관계를 갖고 상대의 것으로부터 유기적으로 발전되어 나와야만 한다. 바그너는 이러한 무한선율 기법을 통해 드라마의 내적 행위가 급작스러운 위기에서 뿐만 아니라 모든 과정을 통해 지속적으로 펼쳐진다고 주장한다.

트리스탄 화성

음악사가들은 〈트리스탄과 이졸데〉의 전주곡 첫 부분의 주음과 주화음의 판단을 흐리게 하는 모호함 때문에, 이를 기존의 온음계 화성 체계를 거부하는 최초의 시도—그리하여 현대음악으로의 첫걸음을 내딛은 것으로 보고 있다. 바그너는 전통적 의미에서의 조성을 깨고 극단적인 반음계주의를 지향함으로써 수백 년 동안 지속되어 온 기능 화성으로부터 탈피하는 결정적인 계기를 마련하였으며, 바그너의 이러한 화성(和聲)의 혁신은 말러, 리하르트 슈트라우스, 쇤베르크에 의해 현대로 계승되었다.

두운법

바그너는 근대적 일상 언어로는 신화적 세계를 그려내지 못한다고 보아 특별한 예술 언어를 찾아내고자 했는데, 이를 위해 두운(Stabreim)에 관심을 집중시켰다. 그에 따르면, 두운은 심오한 표현들로 가득 찬 새롭고, 간결하고, 힘찬 예술 언어를 위한 필수 조건이 된다. 바그너에 의하면, 당대의 일상 언어는 이해를 목적으로, 오로지 오성에만 제시될 수 있도록 우리의 감정을 지배한 관습으로 인해 생겨난 결실이므로 더 이상 감정을 상대로 이야기를 전달할 수 없다. 그러므로 인간의 강화된 행동의 순간들은, 그 습관적인 표현 방식들을 넘어서도록 균형 있게 고양된 언어에 의해서만 적합하게 구체화될 수 있다. 이것이 바로 두운에 의해 조정된 운문이다.

그의 저서 『오페라와 드라마』에서 바그너는 시와 음악의 역사에 대한 변증법적 해석을 통해 두운 법칙을 합리화하려 시도하였다. 바그너가 고대 독일의 시 형식을 적용한 것은 단순히 분위기적인 이유만으로 드라마의 주제에 맞추어 시의 발성을 적응시키려고 한 것은 아니었다. 오히려 그는 드라마의 주제를 신화에서 선택한 것과 마찬가지 이유에서 두운 법칙을 통하여 가사 속에서 '순수하게 인간적인 것'을 회복하려는 시도를 한 것이다. 바그너는 태고의 것에서 인간적인 요소를 추구하였으며, 역사적 요인들이 시와 음악을 서로 분리해 버리기 이전부터 존재했던 음악과 시의 원초적인 통합을 추구하였다.

바그너 오페라의 가창 양식에 대해 설명하면서 우리는 말하기와 노래 부르기의 중간 형태인 '아리오소' 양식을 언급한다. 이것은 이태리의 '번호 오페라(Number Opera)' 속에서 볼 수 있듯이 레치타티보(노래와 대사의 중간쯤 되는 것으로, 마치 읊조리는 듯한 노래를 말함)와 아리아가 확연히 구별되는 양식과는 근본적으로 차이가 있다. 그 이유는 바그너가 음악극을 창출하는 데 있어 두 가지의 기본 문제들을 ① 말하기(speech)와 노래의 통일과 ② 드라마와 음악의 통일이라고 생각했기 때문이다. 말하기와 노래를 통합하는 데 있어서 바그너는 한편으로는 운율이 없는 산문과 다른 한편으로는 운율이 있는 시 사이의 중간 영역을 추구하였다. 그는 해결책으로 〈니벨룽의 반지〉(이 시는 음악이 작곡되기 이전에 이미 쓰여 있던 것이다)에서 가장 분명히 드러나듯 고대 북유럽의 시 창작 기법에서 아이디어를 얻었다.

고대 북유럽의 시에서는 두운이 사용되는데 이것은 공통되는 자음들의 첫 글자 소리로 운을 이룸으로써 논리 정연함은 물론 의미상의 대조와 반테제를 허용할 수 있도록 한다. 예컨대 "Die Liebe bringt Lust und Leid(사랑은 기쁨과 고통을 가져왔다)."라는 문장에서 기쁨(Lust)과 고통(Leid)이라는 두 가지 대비적 의미의 단어들은 테제와 반테제의 역할을 한다. 이러한 대조나 반테제는 음악, 특히 화성적 전조를 통하여 강조될 수 있다. 따라서 시의 가사와 음악에서 주어진 유사성을 통하여, 말하기는 음성적 언어(tone language)로 강화될 수 있다. 그리고

이 음성적 언어는 극적 연기, 독백, 대화 등을 위한 주요 매체
가 되었다.

두운의 예

〈라인의 황금〉 1장

Nur wer der <u>M</u>inne

<u>M</u>acht versagt,

nur wer der <u>L</u>iebe

<u>L</u>ust verjagt,

nur der er-<u>z</u>ielt sich den <u>Z</u>auber

<u>z</u>um Reif <u>z</u>u <u>z</u>wingen das Gold.

독창적인 오케스트레이션

바그너의 오페라 및 악극의 악기 편성은 극단적인 파격이
나타나진 않지만, 관악기의 수가 크게 보강되면서 양적인 면
에 있어서 이전보다 훨씬 큰 팽창이 이루어졌다. 이에 따라 현
악기가 주된 역할을 해오던 방식으로부터 탈피하여 관악기의
역할이 상당히 큰 비중을 차지하게 된다. 〈니벨룽의 반지〉에
는 무려 8대의 호른이 등장하며 바그너 튜바 및 콘트라베이
스 튜바 등 금관악기의 역할이 눈에 띄게 증가한다. 바그너의

오케스트레이션은 베를리오즈의 경우처럼 성부분할(Divisi, 입체적이고 풍부한 음향 효과를 거두기 위해 하나의 파트를 다시 여러 파트로 분할하여 각기 다른 음을 연주하도록 지정하는 관현악법의 하나) 기법을 통해 복잡하고 분산된 형태를 취하기보다는 이중, 삼중으로 확장된 각 파트의 덩어리진 소리로부터 풍요로운 음색과 넓은 범위에 걸친 다이내믹한 변화를 이끌어낸다. 그래서 영국의 음악학자 토비는 바그너 음악에 나타난 각 파트의 음색을 가리켜 개별적인 각각의 성부가 아니라 두터운 '띠(band)'와 같은 소리라고 밝히고 있다. 이와 같이 바그너는 베를리오즈의 경우에서처럼 성부들을 잘게 분산시켜 입체적이고 복합적인 음향을 얻어내기보다는, 하나의 성부를 두텁게 만들어서 보다 폭넓고 다양한 변화를 가능하게 한다. 바그너는 한 성부를 여러 갈래로 분산시키는 방법 대신, 여러 성부가 각각 독립적으로 움직여 서로 조화를 이루게 하는 대위법적인 텍스처를 즐겨 사용함으로써 결과적으로는 오케스트라를 더욱더 현란한 색채로 물들이고 있다.

바그너와 반유대주의

위대한 오페라 작곡가 바그너에게 꼬리표처럼 따라다니는 오명이 있다. "바그너는 반유대주의자였고, 히틀러와 나치가 그의 음악을 매우 좋아했으며 따라서 그는 홀로코스트에 책임이 있는 인물"이라는 추측 또는 주장이다. 이 문제를 집중적으로 다루자면 상당한 양의 역사적 지식과 철학적, 문화인류학적 탐구가 필요하다. 여기서는 이와 관련한 최소한의 내용을 언급하는 것으로 그에 대한 평가를 대신하고자 한다.

한국의 평범한 사람들에게 반유대주의 문제는 신문의 가십 거리 혹은 지적 호기심이 많은 사람들 사이에 회자되는 자극적인 이야기 거리 정도인 것 같다. 한국인으로서 과연 '반유대주의 문제'를 객관적인 맥락에서 이해할 수 있을까? 최근 국제화 시대가 되었다 해도 한국에 사는 사람들 중 '반유대주의'와 관련되어 논쟁의 대상이 되는 '유대인'을 직접 만나본 사람이 과연 몇이나 될까? 미치광이 히틀러와 나치가 무고한 유대인 600만 명을 학살했다는 말이 '평화주의적 입장'의 한국 사람들의 마음을 아프게 하는 것 외에 또 어떤 의미로 다가갈 지 의문이다. 즉 우리 한국인에게 '반유대주의' 문제는 남의 이야기인 것이다.

유대인과 반유대주의

유대인이란 보통 BC 2000년경 메소포타미아에서 팔레스티나로 이주한 헤브라이어를 사용하는 사람들과 그 자손들을 말한다. 이들은 보통 헤브라이인 또는 이스라엘인이라고 불린다. 잘 알려져 있다시피 유대인들이 나라를 잃고 전 세계를 떠돌아다닌 것을 디아스포라(diaspora)라고 부른다. 19세기에는 전체 유대인의 80%가 유럽에 거주했고, 1930년에는 60%였는데 현재 전 세계 유대인의 수는 모두 1,600만 명 정도로 추산된다. 이스라엘에 600만 명이 살고, 다른 나라들에 1,000만 명이 살고 그 중 절반이 미국에 거주한다고 한다. 2차 세계대전 전후 유럽의 유대인들이 박해를 피해 미국과 남미 등으로

이주한 결과다. 유대인이라는 개념은 이제 어떤 특정 장소를 준거로 결집된 것이 아니라, 강한 정서적·민족적 공동체를 형성하는 현상을 총칭하는 개념으로 사용되고 있다.

유대인들은 기독교 시대 내내 유럽에서 2등 국민으로 살아왔다. 기독교인들의 유대인 핍박은 유대인들에게 당연한 것으로 여겨졌다. 반유대주의의 가장 큰 이유는 유대인이 '예수를 죽인 민족'이라는 사실 때문이다. 이는 서기 2세기경 로마 가톨릭이 내린 규정이었다. 히틀러도 유대인을 학살할 때에 여러 이유 중의 하나로 이것을 내세웠다. 그래서 바티칸과 이스라엘은 늘 사이가 좋지 않았다. 텔아비브에 있는 디아스포라 박물관 입구에는 "나치가 유대인을 학살할 때 기독교인들은 침묵하고 있었습니다."라고 쓰인 문구가 있다. 세계에서 크리스마스를 가장 조용하게 보내는 나라도 바로 이스라엘이다. 중세와 근대 유럽인들(기독교인)은 유대인들을 마치 미국에서 백인이 흑인을 차별한 것처럼 제도적으로 배척하고 또 별도로 관리했다. 나아가 그들은 유대인들을 근본적으로 열등한 인간종(種)으로 규정하고 취급했다.

바그너의 반유대주의

바그너가 살던 시기 유대인들은 독일 민족과 같은 곳에 살기는 했지만 독일 민족에 적극 동화되지는 않았던 것 같다. 상공업이 발달하던 시기라서 상당수의 유대인들이 2등 국민임에도 장사를 통해 상당한 부를 축적하고 상권을 장악해서 지배계급이던 독일 민족의 '눈엣가시' 같은 존재였다. 히틀러와 독일 민족주의자가 반유대주의를 자극하여 노린 것도 바로 그들의 돈이었다. 통일 국가를 이루지 못한 채 영국, 프랑스 등의 열강과 식민지 쟁탈전에 몰두하던 독일에서도 유럽 어느 지역에서나 마찬가지로 당연히 반유대주의 풍조가 지배적이었다. 결코 바람직한 것은 아니었지만 일종의 '시대정신'이었다고 할까. 더군다나 당시 유럽에는 고비노 등의 학자를 중심으로 인종학적 반유대주의, 우생학적 반유대주의가 유행이었다. 유대인은 우생학적으로 2류, 3류 인간이라는 것이다.

야심가이자 기회주의자이며 이론가인 바그너 역시 당연히 반유대주의자였다. 작곡가로서 성공해보고자 했던 그가 실패를 거듭하고 인정을 받지 못하자 그는 논문을 통해 자신의 '반유대주의' 이론을 표출하기에 이른다. 「음악에 있어서의 유대성」에서 그는 자신보다 실력이 못하다고 생각되지만 성공 가도를 달리는 유대인 작곡가 마이어베어를 암암리에 염두에 두면서, 독일의 유대인들은 배타적이고 이질적이며 독일어를 완벽하게 구사할 수 없기 때문에, 진정한 의미의 위대한 독일 정신을 대표할 작품을 쓸 위인들이 못 된다고 주장하였다. 처음에 바그너는 이 논문을 가명으로 발표했다가 이어 과감하게 본명으로 출판했다. 치기어린 바그너의 이 논문은 홀로코스트 이후 그가 '명백한 반유대주의자'였다는 결정적 증거로 채택되었다.

하지만 바그너의 반유대주의는 모순된 측면이 많다. 그는 열렬한 반유대주의자였던 것 같은데 생애 내내 유대인 음악가들을 동료로 곁에 두고 그들과 서로 협조하며 살았다. 합창 지휘자 하인리히 포르지나 유명한 지휘자 헤르만 레비 등이 그들이다. 바그너 음악의 최고의 연주자 중 상당수의 음악인들이 유대인이었고 지금도 다니엘 바렌보임, 제임스 레바인 등 유명한 유대인 지휘자들이 바그너의 최고 해석자들이다. 물론 바그너 생애 당시 그 주변에 유대인 동료들이 많았던 것은 그가 유독 유대인을 가까이 했다기보다는, 2등 국민 취급을 받았던 유대인들 중 어쩔 수 없이 생존을 위해 직업 연주자의 길을 택했던 이들이 많았기 때문으로 볼 수도 있다. 미국의 흑인들이 정치인, 행정가 등 지배계급이 아니라 스포츠 선수나 연예인으로 성공을 많이 하는 것과 비슷한 현상이라고 생각된다.

바그너 오페라의 반유대주의

그렇다면 바그너의 작품은 반유대주의적일까. 그동안 많은 음악학자들이 바그너의 오페라 자체가 반유대주의적 성격을 지니고 있다고 그를 비난하기도 했다. 가령 오페라 〈로엔그린〉에서 엘자와 로엔그린을 진정한 독일 민족의 수호자로, 그리고 이들을 방해하는 오르트루드와 텔라문트 진영을 독일 민족의 발전을 저해하는 불순한 유대인의 상징으로 보는 식이다. 또 〈뉘른베르크의 마이스터징거〉에서 발터의 시를 몰래 훔쳐 결국 창피를 당하는 베크메서를 실력 없고 조잡한 유대인으로 비유한다든지, 〈지그프리트〉에서 미메를 볼품없는 곱추 같은 인상의 전형적인 유대인으로, 〈파르지팔〉의 클링조르를 악의 화신, 유대인으로 치환하는 류의 해석들이 있었다. 하지만 대부분 '귀에 걸면 귀걸이, 코에 걸면 코걸이'식의 주장이다. 오페라의 선인·악인이라는 구분은 프로타고니스트(주인공)-안타고니스트(주인공의 대적자)라는 형태로 어느 작품에서나 항상 구도화되고 있기 때문이다.

바그너의 반유대주의가 '악마주의적으로 구현된' 작품은 사실 없다. 그의 반유대주의를 대표적으로 상징하는 작품은 당연히 독일 예술의 위대성을 힘주어 강조하는 〈뉘른베르크의 마이스터징거〉이다. 특히 3막의 피날레에서 발터에 이은 또 한 명의 주인공 한스 작스가 웅변하며 노래하는 "신성로마 제국은 안개 속에 사라져도, 신성한 독일 민족의 예술은 영원하리라." 같은 대목은 나치 독일의 애국가나 다름없었다. 하지만 내용적으로 볼 때 〈뉘른베르크의 마이스터징거〉는 중세 마을에서 벌어지는 평범한 사람들의 음악 사랑과 젊은 남녀의 지고지순한 사랑 이야기이자 한바탕 소동이 벌어지는 와자지껄 코믹 해프닝이다. 음악도 다른 바그너 작품들과는 달리 밝고 힘차고 흥겨우며 형식적으로도 다르다. 물론 히틀러 개인이 백조 전설을 다룬 〈로엔그린〉을 열성적으로 좋아했고 나치 독일이 집권 당시 다양한 방식으로 바그너의 여러 작품들을 독일 민족 개조의 도구로 사용하고자 한 시도는 있었다고 하지만, 학살이 횡행하던 전쟁 당시 그런 정교한 미학적 시도가 성공할 리 없다. 오히려 〈뉘른베르크의 마이스터징거〉는 바그너의 다른 작품들에 비해 이해하기 가장 쉽고 즐겁기까지 한 내용이라 나치의 군인들에게는 최고의 오락이었다. 다만 나치의 직접적 피해자였던 유대인 출신의 독일 철학자들, 특히 아도르노, 벤야민 등은 바그너의 작품 속에 반유대주의적 성질이 내재적으로 침투해 있다는 철학적 분석을 계속 제시해왔다.

바그너 후손들의 반유대주의

바그너가 반유대주의로 비난받게 된 것은 바그너의 후손들의 친(親)나치 행보 때문이다. 그 주요 인물은 바그너의 아들 지그프리트 바그너(1869~1930), 지그프리트의 부인 비니프레트 바그너(1897~1980), 그리고 둘 사이의 자식인 빌란트 바그너(1917~1966)와 볼프강 바그너(1919~2010) 형제다. 특히 작곡가 바그너의 며느리였던 비니프레트는 원래 영국 출신이었는데 한때 히틀러와 결혼설까지 나올 정도로 그와 가까운 사이였다. 히틀러가 나치 집권 전후로 바이로이트를 수시로 방문했기 때문에 당시에는 바이로이트가 나치의 문화 수도였다. 히틀러가 바이로이트를 방문해서 바그너의 오페라를 즐길 때 비니프레트는 그의 문화부 장관 역할을 했고, 그녀의 두 아들 빌란트와 볼프강은 히틀러를 '우리 삼촌'이라고 부르며 따랐다. 홀로코스트가 자행되고 독일이 패전하여 세계가 뒤바뀐 후에도 비니프레트는 1975년 영화감독 지버베르크와의 인터뷰에서 여전히 히틀러와 나치를 지지한 자신의 신념을 굽히지 않는 발언을 해서 세상을 발칵 뒤집어 놓기도 했다. 전 세계 음악가들의 꿈의 무대이자 매년 여름, 세계 매스컴의 중심에 서는 바이로이트는 지금도 간간이 나치와 관련된 스캔들에 휩싸여 해외 토픽을 장식한다. 한편 바그너의 반유대주의

독일의 반유대주의 반성－베를린 소재 홀로코스트(유대인 학살) 기념비

를 확대하여 '나치 작곡가'라고 규정하는 주장에 대한 반박도 만만치 않다. 가령 슈트라우스와 칼 오르프 같은 작곡가는 대표적인 친나치 작곡가였고 특히 오르프는 공식 나치 작곡가나 다름없었는데 유독 바그너만 나치와 관련 있는 것처럼 주장하는 것은 부당하다는 것이다.

잘 알려져 있다시피 현재 독일 정부는 홀로코스트를 자신들이 유대인이 아니라 인류 전체에 저지른 최악의 범죄라고 고해성사에 가까운 반성을 하고 있다. 지난 2005년 베를린의 시내 중심부에 완공된 '유대인 학살 기념관'에는, 지상에는 건축가 피터 아이젠만의 설계로 5,758평의 대지에 4.7m 높이의 회색 콘크리트 기둥 2,711개가 처연하게 설치되어 있고, 그

아래 지하에는 생생한 기록물이 가득한 '학살 기념관'이 베를린을 찾는 전 세계 관광객들을 맞이하고 있다. 또 바이로이트 페스티벌에서도 홀로코스트를 반성하는 행사를 하고 있다. 〈제거된 목소리〉라는 제목의 전시회는 1876년에서 1945년 사이 바이로이트 페스티벌 무대에 섰다가 강제추방된 모든 유대인 예술가들의 상세한 기록이 정리되어 있다. 매년 여름 바이로이트 페스티벌을 찾아 바그너의 오페라를 보는 관객들을 향해 바이로이트시와 페스티벌 당국이 그 치부를 드러내며 내뿜는 고백의 목소리인 것이다.

이스라엘에서의 바그너 금기 문화

바그너의 반유대주의와 관련하여 또 하나 주목할 점은 바로 이스라엘에서 행해진 바그너 금기 문화다. 홀로코스트 이후 지금까지 이스라엘 내에서는 바그너 음악을 연주 또는 방송하는 것이 비공식적으로 금지되어 있다. 가깝게는 아버지, 멀리는 할아버지 또는 고조할아버지가 가스실의 희생자가 되었는데 그 근본 원흉으로 지목되는 바그너의 음악을 어떻게 연주할 수 있겠느냐는 말이다.

하지만 이러한 '바그너 금기'에도 세대가 바뀌면서 최근 변화가 일고 있다. 이스라엘 필하모니의 상임지휘자이자 인도 출신인 주빈 메타(유대인은 아님)는 지난 1981년 이스라엘 필하모니의 정규 공연을 마치고 앙코르로 바그너의 곡을 연주해서 세계 음악인들의 주목을 받았다. 당시 이스라엘 필하모니 단원 중 일부는 메타의 결정에 반대하여 연주를 하지 않았다고 한다. 이어 1995년 이스라엘의 라디오 방송에서 바그너의 〈방랑하는 네덜란드인〉이 선곡되었다. 또 지난 2001년, 대표적인 유대인 지휘자이자 현역 최고의 바그너 전문가 다니엘 바렌보임과 그가 이끄는 베를린 슈타츠카펠레 역시 앙코르로 바그너를 연주하였다. 연주 전 그는 관객들과 30분 넘는 토론을 벌여 바그너의 음악을 듣고 싶어 하지 않는 사람들을 퇴장시킨 채 연주했다고 한다.

이스라엘의 사람들 사이에도 의견이 많이 엇갈린다. 여전히 바그너의 음악은 "살아있는 한 절대 듣지 않겠다."는 사람도 있고, "이스라엘 내에서 공공방송 또는 연주로는 바그너 연주를 금지해야 한다."는 측도 있다. 또 볼프강 바그너의 아들 고트프리트 바그너는 "트리스탄을 들으며 엄청난 희열을 느끼다가도, 바그너의 세계관을 생각하면 소름이 끼친다."고 하며 전 세계를 돌며 반(反) 바그너 강연을 하고 있다. 하지만 주빈 메타 같은 지휘자는 "오케스트라 연주자가 바그너를 연주하지 않는 것은 피아니스트가 쇼팽을 연주하지 않는 것과 마찬가지"라며 결국 시간이 지나면 '바그너 금기'는 풀릴 것이라고 예견한다. 예루살렘 심포니의 바이올리니스트 니차마 로슬러는 "쇼팽도 강한 반유대주의자였다. 그러면 쇼팽 연주도 멈춰야하나."라고 주장한다.

바그너 예술의 성지 – 바이로이트

바이로이트는 BMW와 맥주로 유명한 독일 남부 바이에른 주(州)의 북쪽 프랑켄 지역에 위치한 인구 20만의 작은 도시다. 하지만 이곳은 매년 여름 세계 각지에서 바그너의 오페라를 즐기기 위해 방문하는 오페라팬들로 활기가 넘친다. 보통 경제적인 여유가 있는 오페라팬들은 2~3개 도시를 돌며 오페라를 즐기는데, 최고의 여름 음악 축제로 꼽히는 잘츠부르크 페스티벌을 거쳐 이곳 바이로이트, 역사적인 건물을 오페라 하우스로 개조해서 유명해진 온천 도시 바덴바덴, 콘스탄체 호수를 무대 배경으로 하는 유명한 야외 오페라 축제의 도시 브레겐츠, 그리고 로마 원형경기장을 오페라 극장으로 사

바이로이트 축제극장 전경

용하는 야외 오페라의 대명사 베로나 오페라 축제 관람을 주요 여정으로 삼는다.

바이로이트 페스티벌의 특징을 살펴보면 역시 바그너의 작품(총 10편)만을 무대에 올린다는 특별함과 티켓 구하기가 하늘의 별따기라는 점, 그리고 관객의 공연에 대한 애착(충성도)이 어느 축제보다도 크다는 점을 들 수 있다. 과거에도 바이로이트 페스티벌의 티켓 구하기에 대한 이야기는 괴담 수준이었다. 보통 티켓 구매 경쟁률이 10대 1 정도로 알려져 있었는데, 전화나 메일, 팩스 신청은 안 되고 반드시 우편으로만 신청을 받던 시절에 누구는 10년 만에 표를 받았다고 하고, 누구는 15년이 걸렸다고도 했다. 최근에는 인터넷 예약 시스템으로 제도를 바꾸면서 20~30대 1까지 경쟁률이 올라갔다는 후문이다.

바그너의 열 작품 모두 빼어난 수작이지만 바이로이트를 특별하게 만드는 오페라는 역시 〈니벨룽의 반지(이하 〈반지〉)〉 4부작과 〈파르지팔〉이다. 인류가 만든 공연 예술 작품 중 가장 방대한 걸작으로 꼽히는 〈반지〉는 〈라인의 황금〉, 〈발퀴레〉, 〈지그프리트〉, 〈신들의 황혼〉 4편으로 이루어져 4일 동안 공연하게 되어 있고 바이로이트 오페라 극장을 위해서 만들어졌다. 특히 본편인 〈발퀴레〉부터는 공연 시간이 3시간 반이 넘기 때문에 공연 후 반드시 하루를 쉰다. 그래서 바이로이트에서 이 〈반지〉 4부작을 보려면 6일이 필요하다. 하지만 인간과 우주의 대서사시에 비견되는 〈반지〉를 바이로이트에서 본다는 것은 오페라 팬들에게는 생애 가장 소중한 감동의 시간이요 황홀한 1주일로 기억된다. 〈반지〉는 오페라 전체에서 보면 특수 오페라에 속한다. 워낙 가수 구하기도 힘들고 연주도 힘들어서 메이저 오페라 극장이 아니고서는 올릴 엄두를 못 내는 것이다.

〈파르지팔〉은 다른 측면에서 특별하다. 이 작품은 바그너 최후의 오페라로 성배와 성찬 의식을 다루고 있어 관객에게 성스러운 예배에 참여한 듯한 특별한 경험을 전해준다. 음악은 장중하고 오케스트레이션은 신비로워서 독일어권에서는 아주 특별한 레퍼토리로 꼽힌다. 바그너의 유가족 측이 처음에 바이로이트 이외의 극장에서 이 작품의 공연을 하지 못하도록 했다가 뉴욕의 메트로폴리탄 오페라 극장과 저작권 분쟁이 붙었던 일화도 유명하다.

바이로이트 극장

바그너는 자신의 일생의 역작 〈반지〉를 작곡하면서 이 작품을 성공적으로 공연하기 위해서는 새로운 극장이 필요하다는 생각을 하게 된다. 19세기 오페라 극장이라는 것은 작품을 감상하는 장소라기보다는 귀족, 부르주아, 엘리트들의 사교 장소로서의 기능이 더 강했기 때문에 이러한 곳에서 자신의 작품을 상연할 순 없다는 생각이 들었던 것이다. '바이로이트'라는 장소는 루이 14세가 베르사유를 선택한 것과 마찬가지로 우연에서 시작된 필연의 결과였다. 바이에른 주 오버프랑켄 군의 이 작은 도시에는 1748년 주세페 비비에나의 설계로 지어진 호화로운 바로크 극장이 있었고 바그너는 이 극장의 설비가 매우 훌륭하다는 글을 읽은 적이 있었다. 그러나 실제로 〈반지〉의 상연이 가능한지의 여부를 확인해 보기 위해 답사한 결과 자신의 새로운 작품을 상연하기에는 터무니없이 작은 극장이었음을 알게 됐다. 그러나 이 도시는 바그너의 마음에 들었고 마침내 교외의 숲속 언덕에 극장을 짓기로 결심했다.

예술적 고려

자신의 작품이 '종합예술작품(Gesamtkunstwerk)'이 되기를 원했던 바그너는 따라서 작품 외에 다른 것에 관객의 주의를 빼앗기고 싶지 않았다. 다른 오페라 하우스들이 대도시의 중심부에 위치한 것에 비해 이 극장은 작은 도시의 교외 언덕 위에 위치하고 있어 관객들은 단지 그의 음악을 듣기 위한 목적만으로 이 도시를, 극장을 찾게 된다. 숲속으로 난 길을 지나 언덕을 오르면 저 멀리에 붉은 벽돌로 지은 극장이 서서히 모습을 드러낸다. 이것은 관객에게 마치 성지를 방문하거나 신전에 들어서는 것과 같은 느낌을 들게 하며 오로지 그에 음악에 대한 헌신만이 이 장소가 요구하는 모든 것이 된다.

극장의 구조

극장의 설계에는 바그너 자신이 직접 관여하였으며 그는 이 극장을 설계하는 데 있어 몇 가지 혁신적인 시도를 행하였다. 우선 관객석은 그리스 극장을 모델로 하고 있어 무대를 중심으로 방사상으로 객석이 배열되어 있으며 박스석이나 로얄석 등은 일체 존재하지 않는다.

또한 바그너는 오케스트라 피트를 무대 밑으로 집어넣는

그야말로 독창적인 생각을 해 냈는데 이에 의해 관객은 오케스트라나 지휘자에 주의를 빼앗기는 일 없이 오직 무대에만 시선을 집중할 수 있으며 관악기의 소리는 피트 내를 한번 돌아 현악기의 소리와 섞여 피트 밖의 관객에게 전달되어 매우 독특한, 이른바 '바이로이트 사운드'라는 것이 창조되기에 이르렀다. 극장의 내부 공간은 대부분 나무로 이루어져 있는데 이는 바이올린 등의 악기를 만드는 데 사용되는 종류의 것으로 실로 이 극장 자체가 하나의 악기라고도 할 수 있다. 바이로이트에서는 통상적인 오페라 하우스에서처럼 지휘자가 등장할 때 관객이 박수를 치거나 하지 않는다. 지휘자가 관객에게 보이지 않기 때문에 극장 내부가 완전히 어두워지면 관객이 알지 못하는 사이 어느 틈에 이미 지휘자가 등장해 있고 서곡이나 전주곡이 시작되면서부터 마지막까지 관객이 볼 수 있는 유일한 빛은 오직 무대로부터 나오는 것일 뿐이다.

그러나 바그너는 자금이 부족했으므로 외부 장식은 일체 배제하였으며 이는 이 극장에 '벽돌 공장'이라는 별명이 붙는 데 일조하게 됐다. 극장의 기공식은 1872년 5월 22일 자신의 59번째 생일에 있었고 이날 바그너는 '구 바이로이트 극장(주세페 비비에나의 18세기 극장. 바그너의 바이로이트 극장이 '새로운 극장'이므로 이런 이름을 얻게 되었다)'에서 베토벤의 교향곡 9번을 지휘하였다.

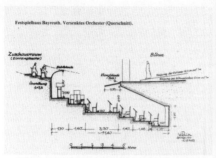

Festspielhaus Bayreuth. Versenktes Orchester (Querschnitt).

바이로이트 페스티벌 극장 오케스트라 피트 측면도

오케스트라 피트 내부 모습

리허설중인 바이로이트 페스티벌 오케스트라

소위 '바이로이트 사운드'라고 하는 바이로이트 축제 극장의 음향은 전 세계 오페라 팬들을 설레게 한다. 대부분의 오페라 극장과는 달리 오케스트라 피트가 계단식 모양으로 무대 아래로 완전히 숨겨져 있어 관객석에서는 전혀 보이지 않는다. 또 오케스트라 음악은 마치 심연에서 흘러나오듯 지하에서 나와 무대를 타고 객석에 고루 퍼지기 때문에 금관악기가 많은 대규모 악단의 음악인데도 귀가 따갑지 않고 매우 부드럽고 세련되게 들린다.

아직도 본격적으로 바그너의 음악을 즐기지 못하는 사람들은 매년 바이로이트를 찾는 사람들을 그저 '바그너의 독선적인 예술관을 맹목적으로 따르며 마치 사이비 종교인처럼 성지를 방문하는 이해 안 되는 인간들'이라고 보기도 한다. 하지만 바이로이트극장을 다년간 방문한 경험이 있는 필자가 보기에 오페라 팬들이 바이로이트를 방문하는 매우 중요한 이유 중 하나는 바로 이 전 세계 어느 오페라 극장에도 없는 매우 독특한 음향을 경험하기 위해서라고 생각한다. 필자도 지금까지 대략 50여 군데의 오페라 극장을 방문했지만 바이로이트 극장의 그 따뜻하고 부드러운 음향에 근접하는 소리를 들려주는 극장은 만나지 못했다.

바이로이트 페스티벌

매년 여름(7월 말~8월 말) 독일 바이에른 주 북쪽에 위치한 소도시 바이로이트에서 열리는 '바이로이트 축제'는 바그너의 음악과 작품만을 연주·상연하는 특별한 페스티벌이다. 1876년, 4부작 〈반지〉를 무대에 올리면서 시작된 이 페스티벌은 독일과 유럽을 비롯한 전 세계의 바그너 추종자(일명 '바그네리안')들이 성지 순례하듯 모여들어 바그너의 악극을 관람하는 바그너 예술의 메카이다.

바그너 사후 그의 부인 코지마가 페스티벌을 주관했으며, 그녀가 죽은 뒤에는 아들 지그프리트가 예술 감독을 맡았다. 병약한 지그프리트가 죽자, 그의 부인(즉 바그너의 며느리) 비니프레트가 바이로이트를 이끌었는데, 그녀와 히틀러의 밀월 관계는 예술과 정치의 함수 관계를 이야기하는 데 빠지지 않고 등장하는 고전적 레퍼토리이다. 2차 세계대전이 끝나자 나치 부역 혐의를 받던 비니프레트는 페스티벌의 주도권을 두 아들—빌란트와 볼프강에게 넘겨 주어야 했다. 1951년부터 재개된 페스티벌은 정치적 색깔을 완전히 배제하고 바그너 드라마를 심리적인 측면에서 파헤쳐 나갔으니, 이를 일컬어 '신(新) 바이로이트 양식'이라고 한다. '신 바이로이트 양식'을 주도했던 빌란트 바그너가 죽자(1966년) 동생 볼프강 바그녀가 전권을 쥐게 된다. 볼프강은 동시대의 다양한 해석의 조류들을 바이로이트 무대에 과감히 수용하였으며, 페스티벌의 대중화를 위해서도 크게 힘써 많은 음반과 영상물들이 만들어졌다. 현재 페스티벌은 볼프강 바그너 사후 그의 두 딸 카타리나 바그너와 에파 바그너-파스키에가 공동 총감독을 맡아 운영해 오고 있다. 올해도 바이로이트 페스티벌은 변함없이 전 세계의 바그네리안들을 열광으로 몰고 갈 준비를 하고 있다.

바그너의 영향과 바그너의 공연

'모차르트주의'나 '베토벤주의'라는 말은 없지만 '바그너주의'라는 말은 있다. 이는 바그너가 현대 예술에 미친 영향이 얼마나 큰 지를 보여주는 단적인 예다. 바그너는 생애 당시에도 전 유럽적인 영향력이 컸고 사후에도 음악계뿐만 아니라 문학과 예술 그리고 정치에도 끊임없는 영향을 끼친 인물이다. 이렇게 된 이유는 바그너 스스로가 단순한 음악인을 넘어서서 전방위적 예술가, 유럽의 문화와 사회를 개혁하고 구원하고자 하는 메시아적 인물로 자리매김 되기를 원했기 때문이다.

파리의 지휘자 에두아르 콜론(Edouard Colonne)과 샤를르 라

무로(Charles Lamoureux)는 바그너 사후 상당히 많은 바그너의 오페라를 공연하여 표준 레퍼토리 속에 넣었다. 또 프랑스의 오페라 팬들은 독일의 어떤 도시보다 바이로이트를 자주 그리고 많이 방문하였다. 특히 프랑스 작가 보들레르나 말라르메 등은 바그너에 깊이 영향을 받아 유럽 전역으로 바그너의 예술을 전달한 사람들이다. 오페라의 종주국 이탈리아에서도 사람들은 "로시니 만세!" "베르디 만세!"라고 외쳤지만 바그너 오페라의 매력을 거부할 수는 없었다. 특히 볼로냐와 토리노에서 바그너 오페라 공연이 많았다. 특히 이탈리아의 작가 단눈치오는 바그너의 정치사회적 이상론을 자신의 민족주의에 적용하고자 시도하기도 했다.

러시아에서도 바그너의 영향이 하나의 예술적 사조로 나타났다. 디아길레프는 러시아 발레에 바그너적인 '종합예술작품' 개념을 적용하여 실현시켜 보고자 꾸준히 노력한 대표적인 인물이다. 이러한 시도의 과정 중에 나타난 발레 이론 잡지 「예술의 세계」는 프랑스어와 독일어로 번역될 정도였다. 영국의 오스카 와일드는 바그너의 예술을 '금지된 쾌락을 열어주는 비밀 열쇠'로 해석하고 받아들였는데 영국의 바그너 추종자들은 자신들의 이론을 「마이스터」라는 잡지를 통해 발표하였다. 바그너를 가장 적극적으로 해석하고 큰 영향을 받은 사람은 단연 평론가 조지 버나드 쇼였다. 특히 그는 〈반지〉를 현대 자본주의의 문제를 우화적으로 제시한 작품으로 해석하였 는데 이는 훗날 파트리스 쉐로가 만든 1976년에 바이로이트 100주년 기념 〈반지〉의 연출에 그대로 적용하여 더욱 유명해 졌다.

한편 독일에서는 당연히 바이로이트를 중심으로 바그너 추 종자 그룹이 형성되었다. 바그너의 공식 전기를 쓴 제자 칼 프 리드리히 글라세납(Carl Friedrich Glasenapp)과 유도동기를 처음 본격적으로 정리한 음악학자로 꼽히는 한스 폰 볼초겐 등이 대표적인 인물이다. 한때 바이로이트 측은 매우 보수적이고 배타적인 입장을 견지해 주변과 긴장 관계에 놓였던 적도 있 다. 특히 1903년에 뉴욕 메트로폴리탄 오페라가 〈파르지팔〉 을 공연하려 하자 바이로이트 측이 이 공연을 금지하는 소송 을 제기했던 일화는 유명하다. 지금은 전 세계 극장이 당연하 게 공연하는 〈파르지팔〉을 그 당시 바이로이트 측은 허용하 지 않았다. 이러한 스캔들의 여파는 아직도 가시지 않았는데 가령 4일짜리 〈반지〉를 하루짜리로 축소해 만든 공연에 대해 서도 바이로이트 측에서는 여전히 공식적으로 인정하지 않는 다고 한다.

바그너는 평생 13편의 오페라를 작곡했고 그중 바이로이 트에서 공연되는 10편만이 오늘날 표준 레퍼토리로 정착했 다. 22편의 오페라를 작곡한 모차르트, 37편의 오페라를 작곡한 베르디에 비하면 수적으로 열세다. 한편 오늘날 전 세계 오페라 극장의 표준 레퍼토리 비율을 분석해 본다면 베르디 10~15%, 모차르트 10~15%, 푸치니 10% 정도인 반면 바그너의 오페라는 아마도 5% 아래가 아닐까 한다. 이러한 수치는 오페라 팬들의 인기를 나타내는 측면도 없지 않지만, 조금 더 파고 들어가 보면 바그너의 오페라는 오케스트라 편성이 크고 길이가 길며 가수를 구하기도 힘들기 때문에 나타나는 현상이다.

바그너의 오페라는 이탈리아 오페라들에 비해 텍스트가 차지하는 비중이 상대적으로 높기에 아무래도 독일, 오스트리아, 스위스 등 독일어권 그리고 영국과 미국에서 많이 공연된다. 그것은 베르디나 모차르트의 이탈리아 오페라들이 이탈리아, 프랑스 이외에도 독일어권에서 많이 공연되는 것과는 다른 모습이다. 당연하지만 자국 독일의 중소 도시 오페라 극장은 바그너의 오페라를 많이 공연한다. 그중 바이로이트를 빼고 바그너에 애정을 많이 쏟은 도시는 뮌헨, 베를린, 드레스덴, 함부르크, 슈투트가르트와 만하임 등을 꼽을 수 있다.

바그너의 해였던 2013년을 전후로 전 세계 메이저 오페라 극장들은 앞다투어 자신들만의 〈반지〉를 올렸다. 일찌감치 LA 오페라(아킴 프레야 연출, 제임스 콘론 지휘)와 파리 오페라(귄터 크레머 연출, 필립 조르단 지휘)가 〈반지〉 4부작을 완성하여 올렸고, 뉴욕 메트로폴리탄이 캐나다 연출가 로베르 르파주 연출의 〈반지〉를 완성하여 화제를 불러 일으켰다. 특히 뉴욕 메트로폴리탄은 그동안 바이로이트가 주도한 바그너 해석의 권위에 항상 도전하는 건강한 라이벌의 기능을 수행해 왔는데, 기존에 원전에 충실한 오소독스한 연출과 출중한 가수들과 뛰어난 앙상블의 메트 오케스트라에 의해 기념비적인 〈반지〉 공연과 영상물(오토 쉥크 연출, 제임스 레바인 지휘, 1986년 초연)을 내놓은 이후, 2013년 200주년 기념 〈반지〉를 내놓기 위해 그동안 야심차게 준비해왔다. 유명한 〈태양의 서커스〉의 무대 기술팀과 함께 작업한 뉴욕 메트로폴리탄의 이 〈반지〉는 뉴욕 특유의 엄청난 자본력과 센세이셔널한 무대 장치로 몇 년간 전 세계 바그너 팬들을 강하게 매혹시켰지만 일군의 비평가들은 〈반지〉의 드라마적 심층에 전혀 다가가지 못한 역사상 최악의 피상적인 〈반지〉 연출이라고 혹평을 내놓기도 했다. 더군다나 이 기념비적인 작품을 완성하기 위해 노년에 다시 무대에 나선 대가 제임스 레바인이 건강상의 이유로 도중하차하면서 긴급 대타로 나선 파비오 루이지 지휘의 메트 오케스트라가 군데군데 심각하게 불안한 앙상블을 보여줌으로써 음악적으로나 연출적으로나 르파주의 〈반지〉는 미완성의 이벤트로 기록되고 있다.

한편 베르디의 본거지 밀라노의 스칼라 오페라는 바그너

전문 지휘자 바렌보임을 음악 감독으로 모셔와 베를린 국립 오페라(슈타츠오퍼)와 공동으로 〈반지〉를 올렸다. 이런 대도시형 메이저 극장들은 2~3년에 걸쳐 네 작품을 준비하는 데 비해 바이로이트는 모두 한꺼번에 준비해서 2013년에 전작을 바로 쏟아냈다. 전 세계 오페라 팬들이 기다렸던 바이로이트의 바그너 탄생 200주년 기념 〈반지〉의 연출은 베를린 폴크스뷔네의 예술 감독 프랑크 카스토프, 그리고 지휘는 러시아 출신의 천재 키릴 페트렌코가 맡았다. 향후 바이로이트의 역사, 아니 바그너 오페라의 역사에서 지난 1976년 바이로이트 페스티벌 100주년 기념 〈반지〉(파트리스 쉐로 연출, 피에르 불레즈 지휘)와 함께 중요하게 기록될 이번 공연은 석유를 둘러싼 서강 열강들의 패권 다툼을 오페라 무대 위로 옮겨놓고, 폐쇄적인 공간에서 비디오를 이용한 독특한 연출을 보여주는 등 혁신적인 해석을 제시함으로써 전 세계 바그너 팬들을 다시 한번 논쟁의 도가니로 몰아놓고 있는 상황이다. 살아생전이나 사후에나 논쟁적인 예술가 바그너의 오페라들은 여전히 격렬한 논쟁 속에서 그 놀라운 생명력과 탁월한 예술성을 뿜어내고 있는 듯하다.

바그너의 주요 작품

바그너는 생애 내내 오페라 작곡에 집중했다. 총 13편의 오페라를 완성했는데, 이 중 바이로이트 페스티벌에서는 초기 세 작품을 제외한 열 편의 작품을 공연하기 때문에, 전 세계의 오페라 극장들이나 일반인들도 대체로 이 열 편을 바그너의 대표작으로 본다. 물론 탄생 200주년을 맞이해 바그너의 초기 세 작품도 특히 독일어권에서 집중 조명되어 몇 차례 공연되기도 하였고, 팬들에 따라서는 초기 작품 특히 〈리엔치〉를 두고 완성도가 매우 높아 바이로이트에서 공연되기에 충분한 작품으로 평가하는 경우도 있다.

작품이름	초연	비고	분류	
〈요정〉 Die Feen	1888년 6월 29일	바그너 사후에 초연됨	초기 습작	
〈연애금제〉 Das Liebesverbot	1836년 3월 29일	이탈리아 오페라의 영향이 보임		
〈리엔치〉 Rienzi	1842년 10월 20일	바그너의 출세작		
〈방랑하는 네덜란드인〉 Der fliegende Holländer	1843년 1월 2일	독자적인 예술세계의 시작		바이로이트 10
〈탄호이저〉 Tannhäuser	1845년 10월 19일	유려한 선율과 웅변적인 힘		
〈로엔그린〉 Lohengrin	1850년 8월 28일	독일 영혼의 구원 – 백조의 기사		
〈트리스탄과 이졸데〉 Tristan und Isolde	1865년 6월 10일	사랑과 절망의 무한선율		
〈뉘른베르크의 마이스터징거〉 Die Meistersinger von Nürnberg	1868년 6월 21일	독일예술의 찬양		
〈라인의 황금〉 Das Rheingold	1869년 9월 22일	〈반지〉 前夜, 대서사시의 시작	니벨룽의 반지	
〈발퀴레〉 Die Walküre	1870년 6월 26일	〈반지〉 1일, 神의 좌절		
〈지그프리트〉 Siegfried	1876년 8월 16일	〈반지〉 2일, 영웅의 탄생		
〈신들의 황혼〉 Götterdämmerung	1876년 8월 17일	〈반지〉 마지막, 세계멸망과 구원		
〈파르지팔〉 Parsifal	1882년 7월 26일	무대 신성 축전극		

[표 1] 바그너 작품 일람

습작시대 (20~28세)	〈요정〉~〈리엔치〉
낭만주의 오페라 시대 (29~36세)	〈방랑하는 네덜란드인〉~〈로엔그린〉
악극시대 (37세~70세)	〈트리스탄과 이졸데〉~〈파르지팔〉

[표 2] 시대 구분

〈방랑하는 네덜란드인(Der fliegende Holländer)〉
(초연 : 1843년 드레스덴 궁정 오페라 극장)

〈방랑하는 네덜란드인〉은 저주와 구원의 이야기를 빠른 호흡으로 풀어난 매력적인 오페라다. 바그너의 통산 4번째 오페라이지만 오늘날 음악 팬들에게는 사실상 그의 첫 오페라이다. 이후의 작품들에 비해 짧고, 가벼우며, 작곡 어법이 진보적이지 않아서 누구에게는 쉽지만 누구에게는 성에 차지 않는다. 음악은 프랑스적인 색채감이 넘치고 흥겨우며, 그랜드 오페라 형식과 유사한 번호 오페라이고, 내용은 지고지순한 여인의 자기 희생에 의해 세상이 구원된다고 하는 기본 골격에 입혀진 낭만적인 분위기가 시종일관 곡을 지배한다.

제1막

18세기 노르웨이의 해안. 달란트의 배가 폭풍을 만나 이곳에서 대피하고 있다. 그 옆에 갑자기 피로 붉게 물들여진 돛과 검은 돛대를 단 방랑하는 네덜란드인의 배가 입항하여 정박한다. 네덜란드인이 "이제 시간이 됐다(Die Frist ist um)."라고 하면서 암울한 자신의 운명과 육지에 당도한 감격을 노래한다. 그는 달란트를 만나 자기는 죽지도 못하고 영원히 바다를 방랑해야 할 저주에 빠진 사람으로서, 7년 만에 한 번씩 육지에 상륙하는데, 이때 생사를 함께 할 수 있는 진실한 사랑을 가진 여인을 만나야만 저주가 풀린다고 말한다. 이 말을 들은 달란트가 자기에게 아름다운 딸 젠타가 있다고 하자, 네덜란 드인이 그 여인을 자신에게 주면 자신의 보물을 바치겠다고 하고 거래를 마친 두 사람은 이제 달란트의 집으로 향한다.

제 2막

달란트의 집에서 젠타와 그녀의 친구들이 물레를 돌리면서 '물레합창(Spinning Chorus)'을 부른다. 젠타는 벽에 걸린 초상화(네덜란드인)를 꿈꾸듯이 물끄러미 쳐다보며 정신 나간 사람처럼, 죽음이 다가와도 그에게 정절을 지키겠다고 노래한다. '젠타의 발라드'―"배 한 척이 쉴 새 없이 바다를 헤치며 가네(Traft ihr das Schiff im Meere an)"―를 부르자 그녀를 사랑하고 있는 사냥꾼 에릭이 나타나서 그것은 무모한 일이므로 자기와 결혼해 달라고 간청한다. 그때 달란트와 네덜란드인이 도착하고 젠타는 아무런 망설임도 없이 네덜란드인과의 결혼을 약속한 후 두 사람은 정열적으로 2중창을 부른다.

제 3막

항구에는 두 척의 배가 있고 달란트의 배 위에서는 약혼식 축하연이 열리고 있다. 달란트의 노르웨이 선원들은 흥겨운 노래를 부른다. "조타수여, 망보기를 잠시 멈추라(Steuermann, laß die Wacht)!" 갑자기 폭풍이 불고 파도가 거세지자, 네덜란드인의 배는 활기를 띠고 이상한 운명을 노래하는 선원들의 합창소리가 흘러나온다.

젠타와 에릭이 달란트의 집에서 나오면서 에릭은 제발 그 네덜란드인과의 이상한 관계를 끊으라고 호소하고 젠타는 그것을 뿌리치며 둘은 격렬한 2중창을 부른다. "내가 이 말을 들어야 합니까(Was muss ich hören)?" 이때 네덜란드인이 이 장면을 목격하고 젠타의 진실한 사랑을 오해한다. 그는 비통한 마음으로 "안녕" 하고 소리치면서 선원들에게 출항 명령을 내린다. 그것을 본 젠타가 절규하며 "죽음 앞에서 나의 정절을 맹세합니다(Hier steh' ich treu dir bis zum Tod)!"라고 하며 바다로 몸을 던지자 네덜란드인의 저주가 풀리고, 두 사람의 영혼은 마침내 결합하여 하늘로 승천한다.

〈탄호이저(Tannhäuser)〉
(초연 : 드레스덴판 – 1845년 드레스덴 궁정 오페라,
파리판 – 1861년 파리 오페라)

〈탄호이저〉는 바그너의 모든 작품 중 대중적으로 가장 사랑받고 공연 횟수도 많은 오페라다. 성(聖)과 속(俗)의 두 세계

사이에서 진정한 사랑을 찾아 고뇌하는 한 남자의 이야기를 그리고 있는데, 그윽하고 심오한 분위기에서 심금을 울리는 서곡, 주인공들의 아름다운 아리아와 2중창, 감동적인 합창이 계속 이어진다. 노래 경연대회를 다루고 있다는 점에서 〈뉘른 베르크의 마이스터징거〉와 소재가 같지만 주제나 음악적 어법은 상당히 다르다. 무엇보다도 〈탄호이저〉는 환락과 관능, 밤과 겨울의 세계와 순결과 정결, 낮과 봄의 세계의 극명한 대조가 음악적으로나 극적으로 잘 구현된 오페라다.

제1막

13세기 초 독일 튀링겐 지방. 관능과 육욕의 동굴 베누스베르크에서 방탕을 경험한 음유시인 탄호이저가 이제 여신 베누스의 품을 떠나 지상으로 돌아갈 것을 선언한다. 베누스는 다시 한 번 그를 유혹하지만 탄호이저는 이를 물리치고 마침내 동굴을 떠난다. 평화로운 마을 바르트부르크로 돌아온 탄호이저를 볼프람 등 옛 친구들이 반갑게 맞으며 곧 있을 영주의 노래 경연대회에서 우승하면 엘리자베트를 부인으로 맞을 수 있다는 소식을 전한다.

제2막

바르트부르크의 성 안. 엘리자베트가 등장하여 전당을 찬

양하는 아리아를 부른다. "성스러운 노래의 전당이여(Dich, teure Halle)!" 돌아온 탄호이저는 옛 애인 엘리자베트와의 재회를 기뻐하며 사랑의 2중창을 부른다. 노래 경연대회가 시작되어 마을 사람들이 들어오자 웅장한 트럼펫 팡파르와 함께 '입당 행진곡과 합창'이 울려 퍼진다. 오늘 경연대회의 주제는 '사랑의 본질을 정의하라'는 것이다. 먼저 볼프람이 사랑의 본질은 그 순수함에 있다며 노래한다. "이 고귀한 모임을 살펴보니(Blick ich umher)." 하지만 탄호이저는 이를 반박하며 진정한 사랑은 육욕의 세계를 경험한 자만이 알 수 있다. "나는 사랑의 샘물을 마시련다(Auch ich darf mich so)."라고 하며 자신이 베누스베르크를 다녀왔다고 고백한다. 이 말에 장내는 아수라장이 되고 영주는 금기를 깬 탄호이저를 벌하려 하나 엘리자베트의 간청으로 추방 명령이 내려진다. 결국 탄호이저는 교황에게 죄를 사면 받기 위해 로마로 떠난다.

제 3막

로마로 갔던 순례자들이 '순례자의 합창'을 노래하며 돌아오지만 탄호이저는 보이지 않는다. 엘리자베트는 탄호이저를 구해달라며 간절한 기도를 올린다. "전능하신 성처녀여, 저의 기도를 들어주소서(Allmächtige Jungfrau!)!" 이를 바라보는 볼프람이 그녀의 죽음을 직감하며 그녀가 죽으면 천사가 되게 해

달라고 노래한다. "오! 아름다운 저녁별이여(O! du mein holder Abendstern)!"('저녁별의 노래') 마침내 나타난 탄호이저가 교황을 만나 용서를 구하고 구원을 간청했지만 결국 구원을 받지 못했다고 털어놓는다. "마음속에 열정을 가지고(Inbrunst im Herzen)."('로마 이야기') 하지만 엘리자베트의 희생적 죽음에 의해 교황의 지팡이에 꽃이 피는 기적이 일어나고 탄호이저는 마침내 구원을 받게 된다. 순례자들의 숭엄한 합창 속에 막이 내린다.

〈로엔그린(Lohengrin)〉
(초연 : 1850년 바이마르 궁정 오페라 극장)

〈로엔그린〉은 신비와 환상, 환희와 공포가 섬세하게 어우러진 동화적인 오페라다. 백조를 타고 나타난 기사와 결혼한 여인은 신혼 첫날 자신의 이름과 출신 성분을 묻지 말라는 기사의 요청을 깨고 결국 파혼에 이른다. 음악은 시종 신비로우며 오케스트라에 의한 3개의 전주곡은 이후 전개될 극의 분위기를 잘 표현하고 있고, 주연과 조연들의 2중창은 매우 강렬하다. 1막에서 백조가 등장하는 장면을 무대에서 어떻게 연출하느냐도 항상 관객들의 호기심을 자극한다. 후기 악극으로 나아가는 작곡 기법적 변화가 잘 드러나는 작품이다.

제1막

10세기 초 안트베르펜 지역이 무대다. 독일의 하인리히 왕이 최근 혼란에 빠진 브라반트 공국에 방문한다. 공국의 공식 후계자 고트프리트가 실종되었는데 권력을 노리는 오르트루드와 그의 남편 텔라문트 백작은 모든 죄를 왕자의 누이인 엘자에게 뒤집어씌운다. 억울한 엘자는 꿈속에서 백조를 탄 기사를 봤다면서 그가 나타나 자신을 지켜줄 것이라 말하나 사람들은 이를 믿지 않는다. 하지만 엘자가 간절히 기사를 부르니 과연 백조를 타고 손에는 칼을 들고, 허리에는 황금 뿔피리를 찬 기사가 나타난다. "나의 사랑스런 백조여 고맙다(Nun sei bedankt, mein lieber Schwann)." 기사는 곧 텔라문트를 결투에서 물리치고 엘자의 결백을 증명하며 그녀를 아내로 맞이하겠다고 선언한다. 그는 엘자에게 자신의 이름과 출신을 묻지 않으면 영원히 행복할 것이라고 다짐을 받는다.

제2막

다음 날 이 모든 음모를 꾸민 오르트루드와 남편 텔라문트가 나타나 악마적인 2중창을 부른다. 오르트루드는 엘자에게 마법을 걸어 그녀가 기사에게 금지된 질문을 하도록 하겠다고 한다. 꿈과 현실을 오가는 엘자는 신비로운 분위기에 싸여 자신의 처지를 노래한다. "혼자서 고통의 나날을 보내고

(Einsam in trüben Tagen)." 오르트루드는 엘자에게 다가가 용서와 동정을 구하고, 그녀를 충동질한다. 엘자의 결혼식 날이 밝았다. 사람들이 모여 축하하는 가운데 혼례의 행렬이 성당으로 다가가고 있다. 계단에 오르려는 엘자에게 오르트루트가 다가가 신랑의 이름이 무엇이냐고 물어보면서 조롱하자 엘자는 당혹해하고, 사람들은 의혹에 싸이고 결혼식장이 술렁거리는 가운데 막이 내린다.

제 3막

막이 열리면 유명한 전주곡이 울리고, 이어 흔히 결혼식장에서 신부 입장 때 연주되는 '신부의 합창(The Bridal chorus)'이 나온다. 행복한 표정을 짓는 신랑신부는 이제 단둘만 남게 되자, 사랑의 2중창을 부른다. "저 달콤한 노래는 사라지고(Das süsse Lied verhallt)." 그러나 엘자는 의구심을 떨쳐버리지 못하고 마침내 금지된 질문을 던진다. 기사는 때마침 자신을 공격하는 텔라문트 일당을 쓰러뜨린 후 당혹해하며 우리의 행복은 끝났으며 이제 모든 정체를 밝히겠다고 말한다. 사람들 앞에 선 기사는 자신이 머나먼 나라에서 온 성배의 기사 로엔그린이라고 밝힌 후—"머나먼 나라에서(In fernem Land)"—이제 고향으로 떠나겠다고 한다. 그는 실종된 왕자를 나타나게 한 후 백조를 타고 유유히 사라진다. 엘자는 기절하고 사람들은 비탄에 빠진 채 떠나가는 백조의 기사를 바라본다.

〈트리스탄과 이졸데(Tristan und Isolde)〉
(초연 : 1865년 뮌헨 궁정 오페라 극장)

〈트리스탄과 이졸데〉는 오페라 전체가 하나의 거대하고 심오한 사랑의 2중창이다. 지금까지 오페라 역사상 이렇게 호흡이 길고 남녀의 극단적인 사랑의 언어를 내뿜는 작품은 없었다. 오케스트라, 조연들의 노래, 소규모 합창, 추상적인 드라마 텍스트 등 다른 모든 오페라의 요소가 오로지 이 두 남녀 주인공의 이루어질 수 없는 사랑, 죽음으로만 완성될 수 있는 영혼의 결합을 뒷받침하는 역할을 한다. 테너, 소프라노 두 주인공의 노래 분량이 워낙 초인적이고 관현악단의 연주 에너지 소모량도 엄청나서 관객들도 이 오페라를 한 번 접하고 나면 황홀경에 빠져 완전히 녹초가 되어버린다.

제1막

중세 아일랜드에서 콘월로 가는 배 위가 극의 무대다. 몽환적인 분위기의 유명한 전주곡이 흐른다. 아일랜드의 공주 이졸데는 콘월의 마르케 왕과 정략결혼을 하기 위해 콘월로 향하는 배에 올랐고 왕의 충신 트리스탄이 그녀를 호위하고 있다. 젊은 선원이 향수에 젖어 노래한다. "바람은 우리의 고국을 향해 선선하게 분다(Frisch weh't der Wind die Heimat zu)." 트리스탄은 과거에 이졸데의 약혼자 모롤트 경을 죽였다. 그러나 자신도 부상을 당해 신비의 의술로 소문난 이졸데에게 정체를 숨기고 찾아갔지만 두 사람은 그 순간 사랑에 빠지고 만다. 죽음을 결심한 이졸데가 시녀 브랑게네에게 독약을 준비하게 하고, 트리스탄에게 잔을 건네자 그것이 독약인 줄 알고도 트리스탄은 따라 마신다. 하지만 순간 두 사람은 걷잡을 수 없는 사랑에 다시 휩싸인다. "트리스탄! 믿을 수 없는 사람(Tristan! Treuloser Holder)!" 브랑게네가 독약을 사랑의 미약과 바꿔치기한 것이다. 환호와 근심, 격정과 불안이 교차하는 가운데 배는 콘월에 도착한다.

제 2막

무대는 마르케 왕의 궁전 정원, 야심한 밤이다. 이졸데는 참을 수 없는 격정으로 왕의 궁을 나와 트리스탄을 찾아간다. 이졸데는 브랑게네에게 탑 위에 올라가 망을 보게 하고, 트리스탄과 비밀스런 사랑을 나눈다. 음악이 점점 절정으로 치닫는 가운데 두 사람은 사랑의 황홀경에 이른다. "오, 우리에게 내려오도다. 사랑의 밤이여(O sink hernieder, Nacht)." 브랑게네는 계속 조심하라고 속삭인다. 두 사람의 사랑이 절정에 다다랐을 때 갑자기 탑 위에서 시녀의 비명이 들려오고, 쿠르베날이 허겁지겁 달려온다. 동시에 왕의 일행이 들이닥친다. 왕의 충복 멜로트가 밀고한 것이다. 심복 트리스탄에게 배신을 당한 마르케 왕이 고통스런 심경으로 노래한다. "나에게 하는 말인가(Mir dies? Dies, Tristan, mir)?" 울분에 찬 멜로트가 왕에 대한 모욕의 대가라며 트리스탄을 찌르자 그는 맥없이 쓰러진다.

제 3막

중상을 입은 트리스탄은 자신을 간호하는 쿠르베날 앞에서 피를 흘리고 죽어간다. 그러면서도 그는 노래한다. "오, 태양이여(O diese Sonne)!" 곧 나타난 이졸데 앞에서 트리스탄은 숨을 거둔다. 뒤늦게 마르케 왕이 두 사람을 용서하려 하지만 때는 늦었다. 이졸데도 죽어가면서 죽은 트리스탄 앞에서 최후의 노래를 부른다. "부드럽고 조용하게 미소 짓고(Mild und leise wie er lächelt)"('사랑의 죽음') 마르케 왕은 두 사람의 영혼을 축복한다.

〈뉘른베르크의 마이스터징거(Die Meistersinger von Nürnberg)〉
(초연 : 1868년 뮌헨 궁정 오페라)

〈뉘른베르크의 마이스터징거〉는 웅장하고 유쾌하면서도 바그너의 진지한 예술 의식과 정교한 작곡 기법이 잘 결합된 아주 유니크한 작품이다. 바그너 유일의 희극 오페라이며 후기 바그너를 규정짓는 악극과는 약간 다른 스타일인데 극중 가수들의 노래 속에 관객들을 향한 섬세한 유머를 치밀하게 심어놓은 것을 보면 매우 모던한 작품이라 할 수 있다. 시종 끊이지 않는 즐거움과 흐뭇함, 다이내믹한 오케스트라 사운드, 두 청춘 남녀의 순결한 사랑, 대규모 합창단에 의한 숭고한 음향, 고전풍과 모던 풍 어법의 정교한 조화로 독일어권 청중에게는 아주 인기 있는 오페라지만, 엄청나게 긴 연주 시간과 막대한 대사량 등 언어적 측면 때문에 동양인들에게는 다소 부담스럽게 느껴지는 작품이기도 하다.

제1막

16세기 중반 뉘른베르크. 유명한 전주곡이 흐르면서 뉘른베르크에 있는 성 카타리네 교회에서 오페라가 시작된다. 에바는 금 세공업자의 딸로 내일 아침(성 요한 축제일)에 열릴 노래 경연대회에서 우승을 차지하는 남자와 결혼하기로 되어있다. 마을을 방문한 귀족 발터는 한눈에 에바를 사랑하게 되는데 다비트에게 경연대회와 마이스터에 대한 이야기를 듣고 대회에 출전하기로 한다. 마을의 기존 마이스터들 앞에 서게 된 발터는 자신이 전설적인 미네징거 포겔바이데의 제자이며 자연에서 노래를 배웠다고 말한다. "겨울날 따뜻한 화롯가에서(Am stillen Herd)." 이어 발터는 마이스터들 앞에서 정식으로 평가받기 위해 다시 노래를 부른다. "시작하시오(Fanget an)!" 그를 경계하는 베크메서는 발터가 마이스터의 규칙을 대부분 어겼다면서 비웃지만, 노대가 작스는 발터의 노래 속에 뭔가 새로운 특징이 있음을 감지한다.

제 2막

그날 밤 작스는 발터의 노래를 생각하며 조용히 상념에 사로잡힌다. "라일락 향기, 그윽하고 강렬하다(Was duftet doch der Flieder)!" 이때 그동안 작스를 연모해 온 에바가 나타나 그의 마음을 떠보지만, 작스는 초연하면서 발터와 에바가 짝이 되도록 한다. 이때 에바를 차지하려는 베크메서가 나타나 그녀의 방 아래에서 구애의 세레나데를 부르는데 그는 사실은 에바가 아니라 시녀 막달레나다. 이것을 보고 막달레나의 애인 다비트가 발끈하여 베크메서에게 대들자 마을은 순식간에 한밤중 난투극에 휩싸인다. 야경꾼의 등장으로 소동은 다시 잠잠해진다.

〈뉘른베르크의 마이스터징거〉 3막 (2006, 툴루즈 국립 카피톨 극장)

제 3막

다음날 아침 발터가 작스에게 지난밤 아름다운 꿈을 꾸었는데 그것을 노래로 표현하고 싶다고 하자 작스가 그를 돕는다. "아침은 장밋빛으로 빛나고(Morgenlich leuchtend in rosigem Schein)." 이때 작스의 집에 몰래 잠입한 베크메서가 그의 책상 앞에 놓인 발터의 시를 훔쳐가고, 이어 작스, 에바, 발터, 막달레나, 다비트가 함께 서로의 심경을 노래하는 아름다운 5중창을 부른다. 무대가 바뀌어 야외에서 합창과 함께 노래 경연 대회가 시작된다. "눈을 떠라, 먼동이 튼다(Wach auf)." 훔친 발터의 시로 베크메서가 어설프게 노래하다 사람들의 비웃음을 사고, 발터가 나타나 아침에 불렀던 노래를 3절까지 완성하여 결국 우승을 차지한다. 이제 작스가 마을 사람들을 향해 독일 예술의 위대함을 주지시키는 노래를 부르자 마을 사람들이 이에 환호하며 거대한 피날레 합창으로 화답한다.

〈파르지팔(Parsifal)〉
(초연 : 1882년 바이로이트 페스티벌 극장)

〈파르지팔〉은 바그너 최후의 작품이자 종교 의식과 오페라가 구별이 안 될 정도로 미묘하게 결합된 독특한 작품이다. 바그너는 이 작품에 '무대 신성 축전극'이라는 용어를 붙여 관객들이 경건하고 신성한 의식으로 접근해주기를 바랐다. 미지의 여인과의 키스(강렬한 육체적 경험)에 의해 깨달음에 도달한 한 젊은이가 영원한 상처로 고통 받던 왕을 마침내 치유한다는 상징적인 내용이, 노대가의 천의무봉과도 같은 작곡 솜씨, 장중하고 영묘한 오케스트레이션과 결합한 작품이다. 특히 음악적 진행의 호흡이 매우 느리고 길며 조성적 변화가 정교하고 섬세해서, 초심자들보다는 바그너의 음악에 어느 정도 익숙한 사람들에게 큰 감동을 선사하는 오페라다.

제1막

성배를 지키는 기사단이 있는 중세 스페인 몬살바트성. 신비로운 분위기의 장중한 전주곡이 끝나면, 성배 기사단의 노기사 구르네만츠가 통치자 암포르타스 왕의 오랜 병을 걱정하고 있다. 왕은 성배 기사단을 배신한 악의 화신 클링조르를 물리치러 갔다가 오히려 성창을 빼앗기고 창에 찔려 부상을 당하고 돌아와 고통 속에서 성배 의식을 진행하고 있다. 미지의 여인 쿤드리가 왕에게 수차례 약을 전했지만 허사였다. 암포르타스의 상처를 고칠 수 있는 자는 오직 "동정심에 의해 깨달은 순진무구한 바보"뿐이기 때문이다. 이때 한 마리 백조를 쏘아 떨어뜨린 젊은이가 잡혀오는데 대화를 통해 구르네만츠는 이 젊은이가 혹시 그 순진무구한 바보가 아닐까 하고 성배 의식을 보여준다. 하지만 젊은이는 아무것도 깨닫지 못하고 곧 성에서 쫓겨난다.

제 2막

클링조르는 자신의 성에서 마법의 힘으로 쿤드리를 불러, 이제 곧 자신을 공격해 올 바보를 유혹하라고 명령한다. 젊은이(파르지팔)가 다가오자 우선 꽃처녀들이 그를 유혹하지만 그는 넘어가지 않는다. 이어 쿤드리가 "파르지팔…… 기다려요(Parsifal…… Weile)!"하고 부르자 젊은이는 순간 자신의 정체를 깨닫는다. 쿤드리는 파르지팔을 유혹하기 위해 몸부림치지만 오히려 파르지팔은 무언가를 서서히 알기 시작하고 쿤드리의 키스에 마침내 모든 것을 깨닫게 된다. "암포르타스! 그 상처 (Amfortas! Die Wunde)!" 이때 나타난 클링조르가 파르지팔을 향해 성창을 던져 공격하지만 순식간에 창은 파르지팔의 손에 들어가고 클링조르의 마법의 성은 무너져 폐허가 된다. 파르지팔은 쓰러진 쿤드리를 향해 "너는 나를 어디서 다시 만날지 알 것이다(Du weisst, wo du mich wieder finden kannst)."라고 하며 길을 떠난다.

제 3막

몇 달 후 왕의 상처를 치유할 구원자를 찾지 못해 절망에 빠져 있는 구르네만츠에게 파르지팔이 나타나자 그는 성(聖) 금요일의 기적이 일어났다며 기뻐하며 파르지팔에게 세례를 준다('성 금요일의 음악'). 파르지팔은 이제 쿤드리에게 세례를 주고 왕께 나아간다. 암포르타스가 고통에 차서 성배 의식을 진행하며 죽기를 갈망하는 중에 파르지팔이 나타나 "왕의 상처를 치유할 수 있는 것은 이 창 뿐이다(Nur eine Waffe taugt)!" 하고 외치며 상처에 성창을 대자 왕은 치유를 받고 평화롭게 숨을 거둔다. 이어 흰 비둘기가 나타나 파르지팔의 머리 위에 앉는다. 기적을 경험한 여인 쿤드리도 조용히 숨을 거둔다. 기사들은 파르지팔을 새로운 왕으로 받든다.

니벨룽의 반지

〈니벨룽의 반지(이하 반지)〉는 바그너가 그의 생애에 걸쳐 구현하려고 애썼던 그의 예술이론의 핵심, 소위 '종합예술작품' 개념이 나름대로 실현된 작품이다. 바그너는 이를 전통적인 오페라(Opera)와 구분하여 '악극(Musikdrama, Musicdrama, 또는 음악극)'이라고 불렀다. 또한 〈반지〉는 바그너가 평생을 통해 성취하려고 했던 세계와 인간의 궁극적인 진리를 담으면서 감상자에게는 강렬한 '영혼의 감동'을 주는 위대한 예술작품으로 인정받기를 원했던 작품이다.

〈반지〉는 이 작품의 기본적인 소재이며 더 나아가 작품의 많은 등장인물들을 연결 짓는 연결고리이고, 줄거리를 진행시키는 동력원이다. 〈반지〉에는 크게 세 개의 주인공 그룹(지하 세계의 난쟁이 부족들, 지상 세계의 거인 종족과 그 밖의 종족들, 천계의 신들)이 나오는데 이들 모두 이 반지를 차지하기 위해 혈안이 되어있다. 왜냐하면 이 반지를 손에 넣는 자는 세계의 지배자가 되기 때문이다. 그런데 한편으로 이들은 이 반지를 차지함으로써 모두 죽음에 이르게 된다. 반지에 끔찍한 저주가 내려졌기 때문이다. 반지는 모든 등장인물들이 진정 갈구하는 것으로 향하는 통로이자 열쇠이며 동시에 파멸로 이르는 덫이자 독약이기도 한 것이다.

기존 신화들의 창조적 변형

〈반지〉는 바그너가 접했던 서양의 주요 신화들로부터 인물들과 작품의 줄거리를 따와 창조적으로 구성, 변형, 결합하여 놓은 것이다. 신화 차용은 그의 예술론과도 관련되어 있는 바, 그는 신화만이 가장 완성된 극의 형태이자 나아가 자신의 이상을 표현해 낼 최고의 예술적 소재라고 보고 있다. 〈반지〉는 고대 북유럽(Iceland)의 설화집 중 엣다(Edda) 운문 설화, 뵐중가 사가(Volsunga Saga, 뵐중족 이야기), 스노리 스터루션(Snorri Sturlusion)에 의한 엣다 산문 설화가 기본 골격을 이루고 있으며, 여기에 중세 독일의 서사시 〈니벨룽겐의 노래(Das

Nibelungenlied)〉, 〈베른의 티드렉스 사가(Thidreks Saga of Bern)〉가 약간 가미된 형태를 이루고 있다. 사실 유럽은 국가들의 문화적인 토양으로서의 자국의 신화가 한 가지 기본 신화를 공유하고 있는 형태가 많다. 요는 바그너가 이러한 신화에서 인물과 사건을 빌려 새로운 줄거리를 가진 극을 만들어 내었는데 이것이 문학적·심리학적·미학적 측면에서 완성도가 높다는 것이다.

사랑과 권력의 딜레마

줄거리를 간단히 살펴보면 다음과 같다. 서야(序夜)에 해당하는 〈라인의 황금(Das Rheingold, The Rhinegold, 이하 〈황금〉)〉에서는 반지를 교묘한 방법으로 차지한 한 난쟁이로부터, 신들의 우두머리가 이것을 빼앗고 그것이 다시 지상 세계의 거인 부족에게 넘어가게 되는 이야기, 그리고 이제 억울하게 반지를 빼앗긴 난쟁이가 이 반지에 저주를 퍼붓는 이야기가 전개된다. 첫째 날 〈발퀴레(Die Walküre, The Valkyrie)〉에서는 전편에서 발생한 저주와 복수에 맞서기 위해 신이 인간 세상에 내려 보낸 영웅이 탄생하는 데 따르는 진통 과정이 펼쳐진다. 둘째 날 〈지그프리트(Siegfried)〉에서는 신이 우여곡절 끝에 마련해 낸 영웅이 반지를 다시 찾게 되는 사건이 전개된다. 마지막 〈신들의 황혼(Götterdämmerung, Twilight of the Gods 이하 〈황혼〉)〉에서는 이 영웅이 결국 지하 세계 난쟁이 부족의 후손에게 복수를 당하여 쓰러지면서, 영웅의 탄생에 큰 역할을 하였던 한 여인의 자기희생에 의해 반지에 얽힌 저주와 마가 끊긴다. 이로 인해 결국 사건에 연루되어있던 신들이 멸망에 이른다는 내용을 담고 있다.

문학과 음악의 긴밀한 결합

〈반지〉에는 매력적인 요소들이 많다. 더불어 마력적인 요소도 보유하고 있다. 우선 극이라는 관점에서 '등장인물들 간의 첨예한 갈등·복수·시기·질투·맹신' '맹목적인 소유욕과 예견된 운명' '상식을 뛰어넘는 격렬한 사랑' 등이 시종일관 극을 지배하고 있어 한시도 눈을 뗄 수가 없고, 음악(감상)적 차원에서 보면 '화려한 오케스트레이션', '장대하고 깊이 있는 선율', '갈등과 맞물려있는 무거운 불협화음들'이 〈반지〉 전편에 녹아 있어 시종일관 감상자를 사로잡는다. 또한 이야기가 무대 위에서 다양한 형태로 해석되는 점을 빼놓을 수 없는데 바그너의 본래 의도를 생각한다면 대본(문학)과 음악이 결합하여 극으로 올려질 때야말로 그의 이상이 충족된 것으로 볼 수 있기에 극을 다양한 각도로 해석해 내는 재미 또한 간과할 수 없다. 어떤 의미에서 보면 이 점이 오늘날 바그너의 오페라 예술이 우리에게 가장 의미심장하게 다가오고 있는 지점일지도 모른다. 즉 바그너가 인간 행위 일반을 위한 '궁극의 진리'를 담고 있는 무(無)시간, 무(無)공간적 신화를 극의 구성 틀로 삼음으로 해서 이 〈반지〉는 오페라 예술이 존재하는 한 공연 당사자들의 시간과 공간에 따라 영원히 재해석될 수밖에 없는 작품인 것이다.

음악과 드라마를 엮어주는 그물망, 유도동기

한편 대를 이어 전개되는 이 장대한 드라마에 일관성과 다양성을 부여하기 위하여 바그너는 그의 악극이론에 따라 독특한 예술적(또는 음악적) 장치를 마련하여 이에 따라 작곡을 하였는데 (이미 앞에서도 여러 번 언급한) 유도동기가 그것이다. 〈반지〉에만도 대략 100여 개의 유도동기가 사용되고 있다고 알려져 있는데 이는 바그너가 일일이 설명하고 지시했다기보다는 후세 연구가들이 곡과 대본을 분석하여 규정해 낸 것이기에 해석도 다양하다. 다양한 해석의 가능성이 열려 있는 것이다. 이 유도동기는 그리하여 〈반지〉를 듣는 데 있어 하나의 거대한 열쇠가 되는데, 그것들의 다양한 출현 양상과 결합된 상황들을 살펴보는 것이 〈반지〉 감상의 기본적이며 필수적인 과제로 요청된다. 하지만 학자들에 따라서는 이것이 보편적 인간의 지적인 수준으로 파악하기에는 지나치게 어렵고 지성적이라고 평하기도 한다. 다만 이 동기들은 단순히 그 동기의 대상(예를 들어 칼의 동기는 '칼')을 지칭하는 꼬리표나 이름표 이상의 체계적인 의미와 구조를 가지고 있다는 점을 지적하지 않을 수 없다. 즉 유도동기는 극의 진행에 있어서 보이는 것, 말해진 것과 보이지 않는 것, 말해지지 않는 것 사이를 이음으로써 감상자에게 심리적 효과를 발생시키는 작곡 도구이다. 이 동기들을 음악적으로 변형하고, 조합하고, 풀어헤쳐 작품 곳곳에 심어놓음으로써 바그너는 그가 의도한 '악극' 완성의 핵심 주제인 '음악의 문학화' — 음악과 문학의 단순한 결합 이상의 의미 — 에 도달할 수 있었다고 생각된다.

무한선율 – 극과 음악의 결합

이 당시까지의 전통적인 오페라와 바그너의 악극이 다른 또 하나의 지점은 소위 '아리오소'와 '무한선율'의 사용이다. 즉 노래와 오케스트라 선율의 진행에 있어서 종지(코다)를 의도적으로 회피하거나 허위로 종지함으로써 극과 음악이 단절 없이 계속적으로 진행되도록, 그렇게 하여 음악과 극이 완전하게 결합되도록 한 것이다. 그리하여 전통적인 오페라에서 극의 진행은 레치타티보로, 감정 표현은 아리아(2중창, 3중창 등을 모두 포함하는 넓은 의미의 노래 일반을 가리킴)가 맡아서 하던 것을 이제 아리아와 레시타티보의 중간 형태인 아리오소가 대신 하게 된다. (이 때문에 기존의 오페라 선율에 익숙해 있던 감상자들에게 바그너의 악극은 대단히 길고 지루하며 필요 이상으로 과장되어 있고 시끄럽기만 한 것으로 느껴진다. 이와는 반대로 바그너 류의 장대한 선율에 익숙한 사람들에게는 그렇지 않은 오페라 선율들이 너무나 피상적이고 얄팍하며 가벼운 것으로 느껴지기도 한다. 베르디의 초·중기 작품들의 음악과 그가 바그너의 영향을 암암리에 받은 것으로 기록되고 있는 후기의 걸작 〈오텔로〉의 음악을 비교해 보라.)

바그너의 작품들도 결국 오페라로 분류된다. 다만 바그너의 작품을 제대로 즐기기 위해서는 이전의 오페라 작품들보다는 좀 더 많은 사전 학습이 필요하며, 두텁고 장대한 음악을 받아들일 수 있는 감성이 요구된다. 어느 작곡가치고 나름의 개성을 소유하고 있지 않은 작곡가가 있을까마는 바그너의 경우는 그 개성의 정도가 특히 심하다는 게 필자의 느낌이다. 또한 극과 음악의 결합을 누차 강조하고 있는 만큼 바그너의 오페라들을 내용의 파악(또는 더 나아가 독일어 대본의 이해) 없이 감상한다는 것은 사실상 불가능하다고 하겠다. 차분하게 끈기를 가지고 작품들에 다가갈 때 우리는 한 천재 예술가 평생을 통해 이룩해 놓은 놀라운 업적을 벅찬 감동으로 즐길 수 있을 것이다.

그럼 이쯤에서 〈반지〉의 구성과 내용을 자세히 살펴보기로 하자.

〈라인의 황금(Das Rheingold)〉
─서야와 세 밤을 위한 무대 축전극
─〈반지〉의 서야(序夜)
(초연: 1869년 9월 22일 뮌헨)

〈황금〉은 매우 연극적인 오페라다. 2시간 반 동안 막간 휴식 없는 공연을 보며 무대 위에서 펼쳐지는 사건을 차분히 따라가다 보면, 어느새 〈반지〉에서 강조하는 핵심 갈등이 빚어내는 재미에 빠져든다. '자연 상태에 놓여있던 황금이 어떻게 악의 상징 알베리히의 손에 넘어가는가', '신의 우두머리 보탄은 왜 스스로의 규율을 깨고 반지를 손에 넣으려 하는가', '로게는 어떤 꾀를 써서 황금과 반지를 빼앗는가', '다가올 운명에 신들은 어떻게 대처하려 하는가'. 〈황금〉은 설득력 있는 플롯과 흥미로운 줄거리 전개만으로도 매우 재미있는 오페라다. 거기에 작열하는 금관과 풍부한 현악과 목관이 가미된 변화무쌍하고 매력적인 오케스트레이션, 가수들 간의 서로 맞물린 균형 잡힌 가창이 어우러져 음악적으로도 매우 뛰어나다. 처음 이 작품을 접하는 사람들은 반드시 줄거리를 꼼꼼히 접하고 한글 자막과 함께 감상을 하기를 권한다.

독일의 어느 전설적인 때,
라인강 기슭 / 신들의 영토 / 니벨룽의 영토

1장

자연의 근원을 나타내는 듯한 음향이 저 멀리서 들려오는 가운데 평화롭고 아름다운 라인강 기슭에서 세 처녀가 헤엄치며 노래 부르고 있다. 이들은 라인강의 주인인 아버지로부터 강바닥에 놓여있는 황금을 지키라는 명을 받았다. 그 황금은 이 세상에서 가장 고귀한 물건으로, 그것으로 '반지'를 만드는 자는 세계를 지배할 수 있다. 하지만 '황금'을 가지려면 대신 사랑을 영원히 포기해야 한다. 지하 세계에 사는 난쟁이 알베리히는 아름다운 처녀들을 향한 자신의 구애가 거절당하자 "사랑을 포기"하고 황금을 손에 넣은 후 지하로 사라진다.

2장

지상에서는 신들의 우두머리 보탄과 부인 프리카가 대화하고 있다. 보탄은 신들이 거주할 멋들어진 성 하나를 짓는 것이 소원이었던 터라 얼마 전에 지상의 거인족 파졸트·파프너

〈니벨룽의 반지〉 중 〈라인의 황금〉 (Joseph Hoffmann, 1876)

형제들에게 자신들의 보금자리 '발할 성'을 지어달라고 요청
해 놓은 상태이다. 그 대가는 미와 젊음의 여신 프라이아인데,
프라이아는 프리카의 동생으로 보탄의 처제다. 프리카는 동
생이 무고하게 끌려갈 상황이 되자 남편을 맹렬히 공격한다.
위기에 처한 보탄은 자신의 심복 로게가 이 사태를 해결해 줄
것으로 믿는다. 발할 성 공사를 마친 파졸트·파프너 형제는
보탄에게 약속한 프라이아를 요구하는데, 보탄이 프라이아를
넘기지 않으려 하자 노발대발하며 그녀를 완력으로 데려가려
한다. 이때 불의 신이자 책략의 신 로게가 나타난다. 로게는
위기 타개를 위해 새로운 제안을 한다. "……최근에 들리는
소식에 의하면 지하 세계의 알베리히가 사랑을 포기하고 황

금을 택했다더군요. 그 황금을 프라이아 대신 거인들에게 주는 겁니다. 세계를 지배할 수 있는 황금을요." 거인들은 로게의 새로운 제안에 동의하고 황금을 가져올 때까지 프라이아를 데리고 있겠다고 하며 퇴장한다.

3장

지하 세계 니벨하임에는 라인강에서 사랑을 포기하며 획득한 황금으로 알베리히가 동생이자 대장장이인 미메를 시켜 세계를 지배할 수 있는 '반지'를 만들었다. 알베리히의 무기 중에는 모든 걸 마음대로 변신시킬 수 있는 '타른헬름'이 있는데, 보탄을 데리고 이곳에 내려온 로게는 알베리히를 속여 그가 작은 두꺼비로 변신케 해놓고 그를 포박한 뒤 황금을 모두 차지하여 지상으로 올라온다. 이 대목은 연출자에 따라서 다양한 연출을 선보이는 흥미로운 장면이다. 안개 속으로 알베리히를 사라지게 하고 거대한 구렁이를 리얼하게 등장시키는 연출이 있는가 하면, 어두운 조명 속에서 알베리히를 적당히 사라지게 한 뒤, 구렁이의 앞대가리를 등장시켜 불을 뿜도록 처리하는 재미난 연출도 있다.

4장

알베리히를 붙잡아 지상으로 올라온 보탄과 로게는 모

든 보물을 빼앗는다. 황금, 변신 투구 타른헬름, 그리고 세상을 지배할 수 있는 '반지'까지 모두 빼앗긴 알베리히는 반지와 보탄에게 저주를 퍼붓는다. "나는 반드시 그 반지를 다시 찾고 말 테다. 반지가 내 손에 다시 들어오기까지 그것을 손에 넣은 자는 모두 그 반지의 노예가 될 것이다. 그리고 죽음에 이를 것이다. 내 저주를 너는 피할 수 없을 것이다!" 알베리히가 퇴장하고 거인 파졸트·파프너 형제와 신들이 등장한다. 거인들은 얄밉게도 보탄이 가져온 보물들로 미인 프라이아의 몸이 모두 가려질 때까지 그 앞에 쌓으라고 요구한다. 모든 보물을 거인들에게 건넨 보탄은 반지만은 양보할 수 없다고 버티며 거인들과 맞선다. 이때 갑자기 땅이 갈라지면서 지혜의 여신 에르다가 땅으로 솟아올라 보탄에게 경고한다. "보탄, 반지를 포기하세요. 이제 곧 신들의 멸망이 다가옵니다." 에르다의 경고를 듣고 보탄은 결국 반지를 거인들에게 건네준다. 이제 프라이아는 자유의 몸이 되었다. 하지만 안도의 시간도 잠시. 황금과 반지를 차지한 거인족 파졸트·파프너 형제 간에 눈 깜빡할 사이에 싸움이 벌어지고 동생 파졸트가 그 자리에서 형을 때려 죽인다. 반지의 저주의 첫 희생자다. 파프너는 반지와 모든 보물을 가지고 숲속 저 멀리로 가버린다. 어쨌든 신들의 보금자리인 발할 성은 완성되었고, 프라이아는 자유의 몸이 되었다. 신들은 분위기를 정리하고 자신들의 새로운 보금자리 발할로 입성한다. 번개의 신 도너가 망치를 휘두르자 지상에서 발할 성까지 무지개 다리가 만들어진다. 앞으로 펼쳐질 신들의 운명을 잠시 잊은 우두머리 보탄도 만족스러움에 발할을 향해 노래한다. 뭔가 불길한 낌새를 눈치 챈 로게는 신들과 함께 하지 않는다. 이 때 라인 처녀들의 구슬피우는 목소리가 저 멀리에서 메아리로 들린다. 빼앗긴 황금을 돌려 달라는 듯, '황금의 기쁨' 동기를 단조로 바꾸어 노래 부르는 가운데ー"라인의 황금이여! 라인의 황금이여! 순수한 금이여"ー막이 내린다.

〈발퀴레(Die Walküre)〉
ー〈반지〉의 첫째 날
(초연: 1870년 6월 26일 뮌헨)

〈발퀴레〉는 〈반지〉 4부작 중 대중들에게 가장 인기 있는 작품이다. 특히 지그문트와 지글린데의 아름답고 슬픈 사랑 이야기(1막), 자신의 목숨보다도 아끼는 딸 브륀힐데의 신권을 박탈하고 그녀를 불꽃 속에 가두는 보탄의 가슴 저미는 이야기와 화려한 관현악의 향연(3막)이 압권이다. 하지만 〈반지〉를 감상하고 즐기려면 사전에 줄거리를 충분히 인지하고 접근하는 것이 좋다. 복잡하고 다층적인 이야기를 이해하고 나면 주인공들의 노래 대사 이면에 숨겨진 문학적 함의가 끊임없이 샘솟아 나고 그것이 음악과 어우러지면서 큰 즐거움을 얻을 수 있다.

발할 성으로 들어간 보탄은 에르다의 경고의 말이 계속 귀에 거슬려 기어코 에르다를 찾아가 자세한 내막을 캐기에 이르렀다. 계약을 파기한 신들에게 저주가 내려 모든 신들이 멸망할 것임을 알아낸 것이다. 신들의 멸망을 숙연히 준비하는 보탄은 처음부터 깨끗하지 못한 내막을 가지고 있는 발할 성을 태울 준비를 한다. 그리고 에르다는 이 이야기를 해준 대가로 보탄과의 사이에 아홉 딸들을 낳게 되었는데 그들이 전사 발퀴레들이며 그 중 첫째 딸이 보탄의 분신 '브륀힐데'다. 이미 엎질러진 물이지만, 수치스러운 신들의 멸망을 어떻게 해서든 막아보려고 보탄은 최후의 몸부림을 친다. 우선 그는 알베리히의 보복을 두려워한다. 언제 알베리히가 부하들을 이끌고 발할 성을 공격할지 모르기에 발할 성을 방어할 수 있는 전사들을 지상으로부터 데려오는 작업을 발퀴레들에게 맡긴다. 발퀴레들은 세계 각지를 날아다니며 전쟁터에서 죽어간 용감한 전사들의 주검을 부지런히 발할 성으로 데려와 다시 영혼을 불어넣어 발할 성 수비대를 만든다. 한편 보탄은 몰래 인간 세계로 내려가 인간(벨제)으로 변한 다음 한 여인을 취해 쌍둥이 오누이(지그문트와 지글린데)를 낳는다. 이 인간들로

하여금 신들의 내막을 모르게 한 채 인간들만의 힘과 의지로 '반지'를 찾아 라인의 처녀들에게 돌려줌으로써 반지의 저주를 끊겠다는 것이다. 이러한 보탄의 '독립적인 영웅' 만들기의 과정이 〈발퀴레〉에서 펼쳐진다. 또한 알베리히도 지상으로 올라와 한 여인(그림힐트)을 취해 자신의 2세(하겐)로 하여금 반지를 손에 넣게 하려는 음모를 꾸미고 있다. 하겐의 이야기는 마지막 오페라 〈신들의 황혼〉에서 전개된다.

제1막 : 훈딩의 집

1장

오페라가 시작하자마자 격렬한 폭풍우가 몰아친다. 음산한 공기와 슬픈 분위기가 집 안 가득 퍼져있다. 여기는 훈딩의 집. 집 한쪽에는 큰 나무가 있는데 거기에는 칼 하나가 꽂혀있다. 이 집으로 피투성이의 웬 낯선 사내(지그문트)가 들어와 한 여인(지글린데)을 만나는데 두 사람 간에는 묘한 긴장감이 흐른다. 여인이 건넨 물을 마시고 원기를 회복한 남자가 "불행한 이 사람을 애써 도와주려 하지 마시오. 나는 불행을 몰고 다니는 몸이오."라고 하며 떠나려하자 여인은 가지 말라며 막는다. "이 집에 당신이 가져올 불행은 없어요. 이미 불행이 살고 있으니까요." 이 말을 듣고 이상하다고 생각하는 남자는 자신의 이름이 고뇌(베발트)라고 알리고 주인장을 기다리기로 한다.

2장

집주인 훈딩이 돌아와 부인과 외간 남자가 함께 있는 것을
보고 놀란다. 더군다나 지금 보니 둘은 얼굴이 비슷하다. 하룻
밤을 청하려는 남자는 자신의 내력을 소개한다. 자기는 어려
서 어머니를 약탈자들에게 잃고 아버지도 숲속에서 행방불명
이 되어 고아로 자라게 되었다. 가는 곳마다 싸움이요 불행의
연속이었는데 얼마 전에도 어느 마을에서 강제 결혼식을 막
아보려 뛰어들었다가 그만 신부의 오빠를 죽이고 말았다. 그
친척들의 추격을 피해 이 집까지 오게 되었다는 것이다. 이 말
을 듣던 주인 훈딩은 "내가 그 신부 측 친척"이라며 분노에 찬
음성으로 다음 날 결투를 요청한다. 남편과 남자의 악연에 당
황해 하는 여인에게 훈딩은 어서 잠자리를 마련하라고 거칠
게 퍼붓고는 방으로 들어간다.

3장

상처도 입고 피로한데 엎친 데 덮친 격으로 결투까지 해야
하는 사내는 앞이 캄캄해진다. 절망에 빠진 사내는 혼자서 아
버지를 부르짖으며 "위기에 빠졌을 때 당신이 약속하신 칼을
주십시오."라고 외친다. 이때 훈딩을 따라 방으로 들어갔던

여인이 다시 나온다. 폭력적인 남편 훈딩을 수면제를 먹여 잠재우고 왔다는 그녀는 밤을 틈타 도망가라고 충고하지만 사내는 듣지 않는다. 이미 여인과 운명을 같이 해야 한다고 믿기 때문이다. 여인이 남자에게 자신의 불행한 사연을 격렬하게 털어놓는다. 이것이 유명한 소프라노 아리아 〈지글린데의 이야기〉다. 여인 역시 어린 시절 쌍둥이 오빠와 헤어지고 고아로 살다 강제로 훈딩과 결혼하게 되었다. 결혼식 피로연장에서 자신은 혼자 슬피 울고 있는데 웬 노인 한 명이 나타나 칼을 저 나무에 깊숙이 꽂고 갔다는 것이다. 그 노인과 잠시 눈을 마주친 여인은 그 칼을 뽑는 사람이 자신을 구해줄 용사라고 믿게 되었고 그 사실에 기뻐한다.

이 말을 들은 남자도 격정적인 사랑의 노래로 답한다. 이어지는 대목이 바로 매혹적인 테너 아리아 〈겨울 폭풍우는 오월의 달빛에 쫓겨 사라지고〉이다. 마침내 남자는 칼을 뽑고 그 칼을 여인에게 바친다. 여인은 남자의 이름을 '지그문트', 자신의 이름을 '지글린데'라고 정한다. 지그문트는 "여동생이여, 나의 신부여, 우리 벨중족이여 영원하라!" 하고 말하며 지글린데를 격렬하게 포옹한다.

제 2막 : 험준한 바위산

1장

2막이 열리면 신의 우두머리 보탄이 나타나 딸 브륀힐데에게 "잠시 후 있을 지그문트와 훈딩의 결투에서 지그문트가 이기게 하라."고 명한다. 하지만 결혼의 신인 프리카는 훈딩과 지글린데의 신성한 결혼 서약을 깨뜨린 지그문트의 소식을 듣고 그를 죽이라고 보탄을 몰아세운다. 보탄은 지그문트가 반지를 되찾아 신들을 구원할 진정 자유로운 영웅이라고 항변하지만 프리카는 "칼을 아버지(보탄)으로부터 물려받은 아들이 어떻게 자유로운 영웅이냐." 하고 반박하여 보탄의 의지를 굴복시킨다.

2장

괴로운 보탄 앞에 브륀힐데가 다시 온다. 보탄이 프리카의 논리에 굴복하여 브륀힐데에게 처음 내린 명령을 번복하며 자신의 심정을 고백하는 긴 독백을 들려준다. 보탄은 젊은 시절 사랑과 권력을 차지하기 위해 신으로서의 계율을 깨뜨리면서까지 알베리히의 반지를 빼앗았다. 이 문제를 해결하기 위해 영웅 지그문트를 탄생시킨 것인데 이제 지그문트를 자기 손으로 죽일 수밖에 없는 상황에 처한 것이다. 아버지의 고통스런 독백을 들은 브륀힐데는 신의 의지에 따라 곧 죽게 될 벨중 지그문트를 가엾게 여기며 그렇게 하겠노라 말하며 퇴장한다.

3장

장면이 바뀌어 아침 일찍 훈딩의 집에서 빠져나온 지글린데와 지그문트가 숲속으로 도망치고 있다. 지글린데가 탈진 상태에서 지그문트에게 "차라리 저를 버리고 가세요. 저 한 목숨 여기서 사라져버려도 좋으나 지그문트 당신은 살아서 훈딩의 사나운 입김이 없는 저 먼 곳으로 가셔야 해요. 모든 일이 다 저 때문에 일어난 일이에요…… 이 불행한 여인의 탓으로……"라고 말하고는 기절한다.

4장

지글린데가 기절한 사이, 신(神)인 브륀힐데가 인간 지그문트 앞에 나타난다. 장엄한 분위기의 '죽음의 예견' 장면이다. "영웅이여, 너는 곧 죽어 영원한 도시 발할 성에 가도록 되어 있다." 그러자 지그문트는 "나 죽는 것은 무섭지 않으나, 그곳에 이 여인도 함께 가는 겁니까?" 하고 묻는다. 이에 지글린데가 살게 될 거라고 브륀힐데가 답하자 지그문트는 "사랑하는 여인 지글린데가 함께 가지 않는다면 나는 어디도 갈 수 없소!"하며 단호하게 맞선다. 이 말을 드는 순간 브륀힐데가 가슴 저 깊숙이 뜨거운 뭔가를 느끼며 어조를 바꾼다. "지그문트여! 그대의 아내를 나에게 맡겨라. 내 그대를 보호하리라!" 이 대목은 브륀힐데가 지글린데에 대한 지그문트의 깊은 사랑을 보고 결심을 바꾸게 되는 중요한 대목이다. 즉 권력과 법칙, 원리의 영역이던 신으로서의 브륀힐데가 결국 사랑과 자유의 영역인 인간으로 존재 변신을 결심하는 순간이다.

5장

결투 장면이다. 훈딩이 지그문트를 공격하자 브륀힐데가 뒤에서 나타나 지그문트를 방어하며 훈딩을 치려 한다. 하지만 바로 이어 나타난 보탄이 이를 저지하자 훈딩의 일격에 지그문트의 칼 노퉁은 두동강 나고 그는 쓰러진다. 당황한 브륀힐데는 부러진 칼을 싸들고 지글린데를 말에 태워 달아난다. 딸의 명령 불복종에 분노한 보탄이 훈딩마저 말 한마디로 쓰러뜨리고 나서 도망간 브륀힐데와 지글린데를 추격한다.

제 3막 : 브륀힐데의 바위산

1장

막이 열리면 금관악기들의 다이내믹한 음향이 돋보이는 유명한 관현악곡 〈발퀴레의 기행〉이 연주된다. 음악에 맞추어 8명의 여전사 발퀴레들이 노래하는데 이때 발퀴레의 리더 브뷘힐데가 실신 직전의 지글린데를 데리고 나타나 "자매들이여, 아버지 보탄에게 쫓기고 있으니 숨겨다오."하며 애걸한다. 그녀는 일단 부러진 칼을 지글린데에게 주고 동쪽으로 피신하라고 한다. "당신 몸속에는 영웅이 자라고 있어요. 가서 아이를 낳아 키우세요. 그리고 그 이름을 지그프리트(승리의 기쁨)라 지으세요!" 이어 현장에 보탄이 들이닥친다.

2장

자신의 명을 거역한 브륀힐데를 향한 보탄의 노여움은 극에 달했다. "어디에 있느냐, 브륀힐데, 계율을 어긴 못된 것, 어디 숨어 있느냐?" 브륀힐데는 머리를 숙이고 벌을 달게 받으려 한다. "너는 네 죄를 스스로 정했다. 너는 이제 발퀴레의 자격이 없다. 땅으로 내려가 한 남자의 아내가 되어 평생 남편 수발이나 해주는 여인이 되거라." 사랑하는 딸에게 형벌을 내리는 아버지 보탄과 그것을 받아들이는 딸 브륀힐데 사이에 긴 침묵이 흐른다. 이제 〈반지〉 전체에서 음악적으로 가장 사랑받는 보탄과 브륀힐데의 감동적인 이별 장면이 시작된다.

3장

보탄은 브륀힐데에게 가혹한 벌을 내린다. 그녀의 신권을 박탈하고 바위산에 재워 가두었다가 지나가는 남자의 평범한

102 *Die Walküre* ("The Valkyrie"), page 389 of the first draft of the
Fire Scene preceding Wotan's farewell in Act III, early 1856.

〈발퀴레〉 3막 〈보탄의 이별 노래〉 바그너 자필 악보(1856)

아내, 즉 인간이 되도록 하겠다는 것이다. 그러자 브륀힐데가 슬피 울며 마지막 소원을 청한다. "아버지의 벌을 달게 받을 게요…… 하지만 제가 잠자는 바위산 주위를 마법의 불로 둘러싸게 하여, 그 불을 뚫고 갈 수 있는, 지상에서 가장 용감한 자가 저를 깨우도록 해주세요." 그동안 냉혹하게 딸을 꾸짖으며 미동도 않던 보탄이 이 말을 듣고는 감정이 폭발한다. 아버지로서 딸을 사랑하면서도 신들의 수장으로서 계율을 지키기 위해 딸의 신권을 박탈할 수밖에 없는 보탄의 괴로운 심정이 거대한 호흡으로 다가온다. 둘은 감정이 북받쳐 마침내 포옹한다. 보탄이 얼굴 가득 눈물을 머금고 딸을 안은 채 노래한다. 이것이 감동적인 〈보탄의 이별 노래〉다. "작별이로구나, 너 용감하고 위대한 딸아." "네 빛나는 두 눈동자에 나의 미소가 담겨 있고." 보탄은 사랑하는 딸 브륀힐데를 바위산에 눕히고 불을 일으켜 그 주위를 감싼다. 이때 연주되는 곡이 〈마술불꽃 음악〉이다.

〈지그프리트(Siegfried)〉
─〈반지〉의 두 번째 밤
(초연: 1876년 8월 16일 바이로이트)

〈지그프리트〉는 동화적이고 연극적인 오페라다. 특히 3막에서 영웅 지그프리트가 여인 브륀힐데를 키스로 깨우는 장면은 잠자는 숲속의 공주를 연상시킨다. 뿐만 아니라 2막에서 영웅이 괴물 파프너를 무찌르고 보물과 반지를 손에 넣는 장면, 영웅이 숲속의 새의 울음소리를 알아듣고 그녀의 안내로 바위산에 오르는 장면은 귀엽고 사랑스럽다. 반면 1막의 칼 만드는 장면, 3막의 브륀힐데를 깨우고 난 후 부르는 사랑의 2중창은 그야말로 거대한 관현악의 스펙터클이며, 마치 폭포수와 같은 감동을 선사한다. 하지만 성악적인 면에서 이 오페라는 가수들의 무덤과도 같다. 특히 주인공 테너 지그프리트는 시종일과 대규모 오케스트라를 뚫고 어마어마한 성량으로 초인적인 가창을 들려줘야 한다. 엄청난 지구력이 필요한 배역이다. 〈지그프리트〉가 귀한 또 하나의 이유다.

제1막 : 미메의 대장간

1장

막이 열리면 알베리히의 동생 미메가 열심히 칼을 만들고 있다. 미메는 반지와 관련된 그간의 상황을 잘 알고 있고 파프너가 품고 있는 반지를 손에 넣으려면 보검이 필요하다는 사실도 안다. 그래서 보검을 만들기 위해 열심인데 칼을 만들어놓으면 지그프리트가 와서 번번이 그 칼을 두 동강 내고 가버린다. 미메는 지그프리트에게 자기가 아버지라고 우기지만 지그프리트는 믿지 않는다. 그러면서 두 동강난 칼 노퉁을 보여준다. 칼을 본 지그프리트는 다시 붙여놓으라고 으름장을 놓고는 퇴장한다.

2장

혼자 있는 미메에게 방랑자(보탄)가 나타난다. 그는 미메의 고민을 알고 있다는 듯한 표정으로 그에게 수수께끼 세 개를 내면 자신이 맞히겠다고 하고 못 맞히면 목을 내놓겠다고 다그친다. 그러자 미메가 문제를 낸다.

① 땅속에는 어떤 이들이 살고 있는가?
② 땅 위에는 어떤 이들이 살고 있는가?
③ 구름 같은 높은 곳에는 어떤 이들이 살고 있는가?

이에 대해 보탄은 식은 죽 먹기라는 듯 각각 답을 맞힌다. 땅속에 사는 이들은 알베리히와 니벨룽족, 땅 위에 사는 이들은 파프너·파졸트 거인 형제, 구름 같은 곳에 사는 이들은 보탄과 신들이다. 이제 역으로 보탄이 미메에게 수수께끼를 낸다.

① 신들의 우두머리 보탄이 가장 험하게 대하면서도 실은

그가 가장 아끼는 이들이 누구인가?

  ② 지그프리트가 파프너를 죽이려면 무슨 칼이 필요한가?

  ③ 그 칼을 만들 수 있는 자는 누구인가?

  방랑자의 질문에 미메는 앞의 두 질문에 대해서는 각각 '벨중'과 '노퉁'이라고 대답해 쉽게 답을 맞히지만 세 번째 질문은 풀지 못한다. 이에 방랑자는 웃으면서 "두려움을 배우지 않은 자가 칼을 만들 수 있다."라고 말하며 유유히 떠난다.

3장

  당황한 미메 앞에 지그프리트가 돌아오자 둘은 또 티격태격한다. 그러다가 대화중 지그프리트가 "두려움 같은 것은 모른다."고 하자 미메는 방랑자의 마지막 말을 기억하면서 지그프리트가 부러진 칼을 이어 붙이여 그가 파프너로부터 보물과 반지를 탈환할 수 있는 영웅임을 깨닫는다. 이때부터 유명한 '지그프리트의 칼 만드는 장면'이 시작된다. "노퉁, 노퉁! 너 보검이여." 지그프리트가 칼을 만드는 동안 미메는 모든 일이 성사된 후 지그프리트를 죽일 독약을 만든다. "미메는 성공하고 말리라. 반지는 나의 것이다. 이제 세상은 내 것이야. 모두 나의 노예가 될 것이다……." 현란한 관현악 반주의 클라이맥스 리듬에 맞추어 지그프리트가 마침내 노퉁을 완성하여 모루를 내려치자 무 잘리듯 두 동강이 나버린다. 기쁨에 들뜬 지그프리트는 거침없이 칼을 들고 파프너가 잠자고 있는 숲 속으로 향하고 이를 미메가 뒤따르며 막이 내린다.

제 2막 : 파프너가 잠자고 있는 동굴

1장

막이 열리면 대를 이어 반지 탈환 복수 작전을 지켜보고 있는 알베리히가 어두운 숲 속에 나타나고 그 앞에 철천지원수 보탄이 방랑자의 모습으로 나타난다. 방랑자는 알베리히와의 말다툼을 끝내고 파프너를 부른다. 파프너에게 그의 위험을 알려주고 반지를 지키라는 방랑자의 충고를 받아들여 알베리히가 파프너를 설득하려 하지만 그는 이 말을 무시한다.

2장

미메가 지그프리트를 데리고 등장한다. 미메가 파프너에 대해 자질구레한 이야기를 하고 놈을 해치운 후에 목이 마를 테니 마실 것을 주겠다고 살랑댄다. 그가 사라지자 숲 속엔 지그프리트 혼자 남아있게 된다. 여기서부터가 〈반지〉 전체를 통틀어 가장 서정적인 대목으로 꼽히는 '숲 속의 속삭임'이다. 이제 지그프리트는 불현듯 어머니가 미치도록 그리워진다. "그런데 나의 어머니는 어떻게 생겼을까? 어머니는 왜 나를 낳고 바로 죽었을까? 세상 모든 어머니는 아들 때문에 죽는 걸까?" 곧 지그프리트는 파프너의 동굴로 가 노퉁으로 파프너를 찌르고 보물과 반지를 손에 넣는다. 이때 지그프리트가 파프너의 피가 묻은 검에 입을 대자 숲속 새들의 노랫소리를 이해할 수 있게 된다.

3장

동굴 속에서 각종 보물을 가지고 나오는 지그프리트를 미메가 맞이한다. 이때 "배신을 준비하는 미메를 믿지 말라."는 새의 노랫소리가 들린다. 음흉한 미메가 장난치듯이 지그프리트에게 인사한다. 이때부터 미메는 자신이 의도하지 않은 말을 지그프리트에게 거듭 내뱉으면서 살인의 내면을 드러내다가 다시 제정신으로 돌아오기를 반복한다. 호시탐탐 반지를 차지할 야심에 사로잡혀있던 미메는 하지만, 지그프리트가 숲속 새의 이야기를 듣고 자신의 계략을 눈치챘다는 사실을 몰랐다. 결국 미메는 지그프리트가 휘두른 반격의 칼에 의해 쓰러진다. 새는 지그프리트의 다음 임무를 알려준다. "바위산에 가서 잠들어 있는 여인 브륀힐데를 깨워 신부로 맞이하세." 이 말을 들은 지그프리트는 바로 바위산으로 향한다.

제 3막 : 브륀힐데가 잠들어 있는 바위산

〈지그프리트〉 3막에 오면 〈반지〉 4부작이 분명 반환점을 돌았다는 분위기가 감지된다. 보탄을 거부한 브륀힐데, 실패한 영웅 지그문트에 이어 등장한 2차 영웅 지그프리트의 반지 획득 등 내용적으로도 오페라가 결말을 향해 가고 있음을 보여준다. 2막에서 3막 사이에는 작곡 기간만 해도 이미 13년의 세월이 흘러 음악이 훨씬 무거워지고 복잡해졌다.

1장

긴박한 분위기의 전주곡이 흐르는 가운데 번민과 걱정 그러나 한편으로는 확신에 사로잡힌 운명의 사나이 방랑자(보탄)가 나타나 지혜의 여신 에르다를 깨운다. "일어나시오, 발라(에르다)! 모든 지혜를 가진 여인이여! 신의 멸망을 극복할 지혜를 주시오, 에르다여!" 하지만 에르다는 냉담하다. "깨어나 보니 세상이 혼란스럽군요. 당신은 예전의 나를 정복하던 자신에 찬 모습이 아니로군요." 이에 실망한 보탄이 에르다를 놓아준다. "이제 당신의 지혜는 필요하지 않으니 영원한 잠 속으로 돌아가시오!"

2장

방랑자 보탄이 이제 바위산으로 다가오는 지그프리트 앞

에 선다. 방랑자는 자신의 영웅 만들기 2차 시도의 산물인 지그프리트를 보며 한편으로는 반갑지만 자신의 정체를 드러낼 수 없는 갈등(신으로부터 자유로운 인간 영웅만이 반지를 되찾을 수 있으므로)을 숨기고 우연인 척 접근한다. 지그프리트로부터 자신의 존재를 인정받고자 한 방랑자 보탄은 그러나 자신을 전혀 몰라보는 손자의 차가운 비웃음을 듣게 된다. 옥신각신 하던 끝에 둘은 다투게 되는데 이 과정에서 지그프리트는 자신의 노퉁으로 보탄의 창을 두 동강낸다. 보탄의 세계가 저물었다는 상징이다.

3장

장면은 이제 전편 〈발퀴레〉에서 신들의 운명을 막아보려 고군분투하던 보탄의 권위에 사랑이라는 무기로 대들어 일을 더 크게 만들었던 브륀힐데가 아버지의 벌을 받아 잠들어 있는 바위산이다. 지그프리트는 저 멀리 갑옷과 방패로 무장을 한 채 누워 있는 어떤 용사를 발견하고 그에게 다가간다. 영묘하고 미스터리한 분위기의 음악에 맞추어 갑옷을 벗기던 지그프리트는 자신이 깨우고 있는 용사가 여자라는 사실을 알고 갑자기 두려움에 휩싸인다. 무서운 괴물도 무찌른, 두려움을 모르던 이 영웅이 여인을 보고는 두려움과 흥분에 휩싸인다. 마침내 지그프리트는 여인에게 입맞춰, 그녀를 긴 잠에서 깨운다. 둘은 사랑의 2중창을 부르며 하나가 된다.

〈신들의 황혼(Götterdämmerung)〉
−〈반지〉의 세 번째 밤
(초연 : 1876년 8월 17일 바이로이트)

〈황혼〉은 〈반지〉 4부작을 마무리하는 대작이다. 4시간 반이 넘는 연주시간, 작품의 구조, 가수들의 노래, 대편성 오케스트라의 음악 등 모든 면에서 극도의 긴장감과 장엄함이 흐르고 있어 관객들에게 마치 히말라야를 오르는 듯한 강한 체력과 고도의 집중력을 요구한다. 바그너는 원래 〈지그프리트의 죽음〉이라는 대본을 1848년 완성하였다가, 이것이 너무나 많은 정보를 담지하고 있어서 무대 상연에 무리가 따르지 않겠느냐는 친구의 조언을 듣고 1850년, 이 대본의 전편격인 〈청년 지그프리트〉의 대본을 완성한다. 그러다가 이 작품들을 '니벨룽엔 설화'에 기초한 연작으로 확장하여 〈발퀴레〉와 〈황금〉의 대본을 차례로 완성하고 앞선 두개의 대본을 각각 〈황혼〉, 〈지그프리트〉로 바꾸었다. 대본과는 다르게 음악은 거꾸로 〈황금〉부터 〈황혼〉까지의 차례로 썼다. 〈황혼〉의 총보가 최종 완성된 것이 1876년이니 〈반지〉는 대본 착수부터 작곡 완성까지 무려 28년이 걸린 셈이다. 여기에는 〈지그프리트〉

2막의 작곡을 마친 후 13년이라는 공백 기간이 있다. 그사이 바그너는 〈트리스탄과 이졸데〉와 〈뉘른베르크의 마이스터 징거〉를 완성하여 한껏 무르익은 작곡 기법을 〈지그프리트〉 3막과 〈황혼〉에서 마음껏 구사하였다.

서막

브륀힐데의 바위산. 어둠이 내린 가운데 세 노른(북유럽 신화에 나오는 운명의 여신들—편집자 주)이 운명의 실을 짜고 있다.

막이 열리면 에르다의 딸인 세 명의 노른 처녀들이 금실을 꼬며 이야기를 하고 있다. 첫째 노른이 보탄의 젊은 날을 이야기한다. 둘째 노른은 보탄의 그간 행적을 요약하고 셋째 노른은 보탄의 미래를 예견한다. 그러다가 꼬던 금실이 툭하고 끊어진다. "끊어졌어! 우리의 영원한 지혜도 결국 끝난 거야!" 세 노른 처녀들이 퇴장하고 무대 위로 천천히 동이 터오면서 오케스트라 간주곡과 함께 지그프리트와 브륀힐데가 등장한다. 둘은 부드러운 분위기의 음악에 맞추어 다시 한 번 사랑을 확인한다. 노래를 끝내고 지그프리트는 브륀힐데에게 반지를 주고 바위산에 남겨 놓은 채 라인 강변 마을 쪽으로 모험의 길을 떠난다. 이때 지그프리트의 여정을 관현악으로 묘사한 음악이 〈지그프리트의 라인 기행〉이다.

제1막 : 기비홍 궁전, 브륀힐데의 바위산

1장

기품과 위엄의 분위기가 감도는 기비홍 궁전, 군터와 구트루네 그리고 하겐이 나타난다. 기비홍은 군터와 구트루네를 가리키는 왕족의 이름이며 그림힐데가 어머니이고 아버지는 기비히이다. 군터는 맏아들로서 왕위를 물려받았지만 아버지가 다른 동생 하겐(알베리히와 그림힐데 사이의 아들)의 영특함을 늘 부러워한다. 군터와 배다른 동생이자 그를 보좌하는 역할을 하는 하겐은 곧 등장할 지그프리트를 예견하고 주변 인물들을 이용해 그를 쓰러뜨리고 반지를 차지할 계략을 꾸민다. 그는 구트루네를 이용하여 지그프리트를 유혹한 다음 그로 하여금 브륀힐데를 군터에게 데려가게 할 생각이다. 그렇게 지그프리트와 브륀힐데 사이의 사랑의 관계를 파괴하여 지그프리트를 추락시킨다는 계획이다.

2장

모험을 떠나는 지그프리트가 기비홍 궁으로 들어온다. 그는 당도하자마자 궁의 주인 군터에게 "나와 싸우든지 아니면 친구가 되자!"는 직설적인 제안을 한다. 의협심 어린 대화 몇 마디가 흐르고 둘은 곧 말이 통하기 시작한다. 이때 여동생 구트루네가 건넨 음료(미약)를 마신 지그프리트는 순간 이성을 잃고 브륀힐데와의 사랑을 까맣게 잊은 채 구트루네에게 사랑을 느낀다. 군터는 지그프리트에게 여동생 구트루네를 주는 대가로 브륀힐데를 요구한다. 둘은 이내 피로써 의형제를 맺고, 자신의 계략이 하나하나 차례대로 맞아 돌아가고 있는 것을 멀리서 지켜보던 하겐은 홀로 남아 반지 탈환의 의지를 독백하는 노래를 부른다.

3장

지그프리트를 마을로 보내고 나서 홀로 남은 브륀힐데 앞에 돌연 옛 발퀴레 시절의 동생 발트라우테가 나타난다. 발트라우테는 아버지 보탄의 고뇌를 보다 못해 브륀힐데에게서 반지를 받아 라인 처녀들에게 돌려주기 위해 왔다. 하지만 브륀힐데가 사랑하는 사람에게서 받은 반지를 포기할 리 없다. 마음을 진정시킨 브륀힐데에게 두 번째 불

〈신들의 황혼〉 1막 구트루네와 지그프리트
(Arthur Rackham, 1979)

청객이 찾아온다. 군터의 복장을 한 낯선 사내(지그프리트)다. 얼굴에는 이상한 복면을 하고 있다. 타른헬름을 쓴 지그프리트는 군터의 이름으로 브륀힐데를 범한다. 절망과 공포에 사로잡힌 브륀힐데는 남자에게 강제로 반지를 빼앗기고 동굴로 떼밀려 들어간다. 빗발치듯 현이 질주하는 가운데 영웅은 이성을 잃고 신들의 멸망을 재촉한다.

제2막 : 기비흥 궁전
1장

하겐이 궁전에 홀로 남아 있다. 그는 꿈속에서 알베리히를 만나 아버지에게 반드시 반지를 탈환해드리겠다고 다짐한다. "아버지, 이미 영웅은 나를 위해 멸망의 길을 가고 있어요. 반드시 반지를 차지할 테니 참고 기다리세요."

2장

동이 터온다. '여명'의 동기가 베이스 클라리넷의 기품 있는 선율에 실려 모처럼 편안함을 느낄 수 있다. 이 선율을 다른 금관악기들이 비스듬히 받는가 싶더니 갑자기 격렬하고 살벌한 '반지의 저주'의 동기로 변형되고 곧이어 '약'의 동기가 잠깐 내비친다. 지그프리트는 하겐과 구트루네에게 브륀힐데를 의형제 군터에게 인계하는 데 성공했다고 자랑한다.

이 말에 구트루네는 기뻐서 펄펄뛴다. 이제 지그프리트는 자신의 남편이 된다. 옆에서 거드는 하겐. 멀리서 군터와 브륀힐데를 실은 배가 궁으로 들어온다.

3장

군터와 브륀힐데의 입성을 축하하기 위해 자기 부하들을 뿔피리 신호로 부른다. "하이호 하이호." 지그프리트의 "하이호 하이호."가 청년의 발랄함과 영웅의 화려함을 나타낸다면 하겐의 외침 "하이호 하이호."는 맹장의 위엄과 무게가 실린, 낮게 그러나 멀리 깔리는 무서운 암구호이다.

4장

이제 결혼식이 거행된다. 부하들의 화려한 축하를 받고 입성하는 군터는 만면에 희색이 가득하지만 그에 질질 끌려오다시피 하는 브륀힐데는 초췌한 모습이다. 군중들은 절망에 빠진 브륀힐데를 보고 당황한다. 군터의 이야기를 듣고 있던 브륀힐데가 화들짝 놀란다. "내게서 반지를 빼앗아 간 사람이 바로 지그프리트였구나! 이 사기꾼! 복수를 하고 말리라……군터, 당신도 속았어요. 나는 당신이 아니라 저 지그프리트와 결혼했단 말이에요." 이 말에 군터는 놀란다. 하지만 지그프리트는 결백을 주장한다. 이때 하겐이 나선다. "그렇다면 둘 다이 창에 걸고 맹세하시오…… 거짓말을 하는 자가 심판의 칼을 받기로." 모두들 당황해 하며 공포에 휩싸인다.

5장

브륀힐데, 군터, 하겐만 남았다. 아버지에게 버림받고 그 대가로 사랑하는 사람에게 이제 와서 이중으로 배반을 당한 브륀힐데가 자신의 신세 한탄을 하며 무슨 음모인지 종잡을 수 없음을 토로한다. 이때 하겐이 브륀힐데에게 다가가자 복수를 맹세하는 그녀는 지그프리트를 쓰러뜨릴 수 있는 비밀을 알려준다. 등 뒤에서 공격하면 된다는 것이다. 하겐의 주도하에 셋은 지그프리트를 죽이기로 맹세한다. ('복수의 3중창')

제 3막 : 라인 강변의 숲과 바위가 있는 계곡

1장

지그프리트가 사냥감을 쫓아 라인 강가로 오자 라인 처녀들은 "사냥감을 잡게 해줄 테니 반지를 돌려 달라"고 요구한다. 그가 거절하자 그들은 반지에 실린 저주를 알려주지만 지그프리트는 이를 무시한다.

2장

곧 하겐을 비롯한 사람들이 당도한다. 그들은 들판에 둘러

앉아 지그프리트의 무용담을 들으며 즐거워한다. 하겐이 따라준 술을 마시며 지그프리트는 어떻게 파프너를 무찔렀는지, 어떻게 새의 노랫소리를 듣게 되었는지, 어떻게 반지를 차지했는지 등을 이야기해준다. 지그프리트가 황홀감에 도취되어 브륀힐데를 깨워 아내로 맞이한 이야기를 하는 순간 하겐이 "배신자에 대한 복수다!" 하며 창으로 지그프리트의 등을 내려친다. 지그프리트는 바닥에 쓰러졌다가 겨우 몸을 일으켜 세운 후 죽어가며 브륀힐데를 부른다. "오 브륀힐데여, 성스런 신부여." 마침내 지그프리트는 침몰하고 음악은 장엄하게 바뀐다.('지그프리트 장송 행진곡')

3장

군터의 부하들이 지그프리트의 주검을 가지고 기비홍 궁전으로 돌아온다. 지그프리트가 죽은 것을 본 구트루네는 거의 실신 지경이다. 하겐은 "내가 지그프리트를 죽였다. 그가 피의 맹세를 깼기 때문"이라고 주장하며 지그프리트의 손에 낀 반지를 차지하려 한다. 하겐은 그를 가로막는 군터를 단숨에 제압한다. 하겐이 지그프리트에게 다가가 반지를 빼내려 하는 순간 놀랍게도 죽은 지그프리트의 손이 저절로 들려 져서 모두들 물러선다. 마침내 브륀힐데가 앞으로 나서 모든 상황을 정리한다. 그녀는 격앙된 슬픔을 겨우 참으며 천천히 정신을 가다듬은 뒤 매우 위엄 있는 모습으로 군중들을 향해 이야기한다. "저기 라인 강변에 나를 위해 나무를 쌓아 올려라. 용감한 영웅의 성스런 주검을 태울 수 있도록 하라. 나도 함께 그를 따르리……" 브륀힐데는 지그프리트의 손에서 반지를 빼서 자신의 손에 끼고 노래를 계속한다. "반지여…… 이제 너의 저주가 풀리리라." 브륀힐데가 들고 있던 횃불을 장작더미에 던지자 불길은 순식간에 궁 전체에 번진다. 모든 저주의 근원인 반지를 낀 브륀힐데는 이제 애마 그라네를 타고 타오르는 불기둥 속으로 몸을 던져 반지의 저주를 끊는다. 불길은 이제 하늘 높이 올라가 보탄이 신들과 영웅들을 불러 모은 발할 성에 번진다. 미리 마련한 발할 성 주위의 장작으로 인하여 성도 완전히 불길에 휩싸여버린다. 장엄한 관현악의 클라이맥스가 16시간 오페라 〈반지〉의 대단원을 알린다. 저주의 반지와 이와 결부된 신들의 운명은 결국 영웅에 의해서는 해결의 실마리를 찾지 못 하고, 지고지순한 여인의 자기희생을 통해 해결된다. 〈반지〉는 이렇게 막을 내린다.

〈니벨룽겐의 반지〉 vs 〈니벨룽의 반지〉

'Der Ring des Nibelungen'을 우리말로 번역하는 데 있어 '니벨룽겐'이냐 '니벨룽'이냐 하는 문제는 꽤 오래전부터 계속 반복되어 온 골치 아픈 논의인데, '니벨룽의 반지'가 엄밀한 의미에서의 정확한 번역이다.

이 문제가 혼란스런 이유는 1) 문법적인 문제 2) 의미상의 문제가 애매하게 얽혀있기 때문이다. 즉 대개의 독일어 문헌에서 Nibelungen은 주로 복수 또는 형용사형으로 쓰이기 때문에 기존의 사람들이 이 작품을 무의식적으로 '니벨룽겐(또는 니벨룽엔)의 반지'로 번역을 했던 것이다. 그러나 현대 독일어 명사의 어미 변화 규칙에 따르면 복수 소유격 변화에 따른 정관사변화는 des가 아니라 der가 된다. 즉 Nibelungen이 Nibelung의 복수라면 바그너 〈반지〉의 독일어 제목은 Der Ring des Nibelungen이 아니라 Der Ring der Nibelungen이 되었어야 하는 것이다.

필자의 답은 의외로 간단하다. 여기서 Nibelungen은 복수가 아니라 단수의 소유격 변화이고 이때 단수 Nibelung은 그저 '알베리히(Alberich)'를 나타내는 것이다. 특히 〈라인의 황금〉의 내용을 보면, 이 극의 소재인 반지는 라인의 처녀들로부터 정당한 절차에 의해 '사랑을 포기하고(또는 저주하고)' 황금을 획득한 알베리히가 동생 미메를 시켜 만든 '그의 반지'이다. 작품 〈반지〉는 바로 이 알베리히의 반지를 보탄이 신의 율법을 깨가면서까지 강탈하면서 시작되는 것. 물론 중세 독일의 〈니벨룽엔의 노래(Nibelunenlied)〉 등의 독문학 관련 문헌에서는 대개 복수로만 쓰이는지도 모른다. 하지만 바그너의 오페라 〈반지〉의 독일어 텍스트에는 단수 Nibelung 즉 알베리히를 가리키는 구절이 자주 나온다. 가령 〈라인의 황금〉에서 로게의 유명한 나레이션 중

der Nibelung, Nacht-Alberich……

이런 구절이 있다. 그래서 거의 대부분의 영어 문헌에서는 〈반지〉의 제목으로 'The Ring of the Nibelung'을 사용한다. 대체로 공식적인 번역어로 인정되고 있는 것이다. (물론 과거 자료 중 더러 'The Ring of the Nibelungs'도 보이긴 하지만, 문법적으로도 설명이 안 되며 의미상으로도 그 반지는 '니벨룽족들의 것'이라고 볼 수 없다. 니벨룽족들은 오히려 반대로 반지의 소유주인 알베리히의 힘에 노예처럼 조종당하는 신세다.)

이 문제는 한동안 한국바그너협회와 음악 애호가들 사이에서 뜨거운 논쟁거리가 되었는데 '니벨룽의 반지'가 정확한 번

역 표기인 것으로 나름대로의 결론에 도달했다. 최근 대부분의 언론 매체나 바그너의 음악에 관심을 갖고 있는 젊은이들 사이에서는 공식 명칭이 '니벨룽의 반지'로 거의 통일되어 사용되고 있다.

마치며

바그너의 음악과 사상을 접한 지 벌써 15년이 흘렀다. 그동안 나는 바그너 오페라의 성지로 통하는 바이로이트도 여러 차례 방문하였고 한국바그너협회 회원으로 활동하면서 지인들과 감동과 정보를 공유하였다. 바그너에 대한 관심, 탐구, 표현은 고전음악에 대한 나의 지평을 완전히 새롭게, 넓고 깊게 확장 심화시켜 주었다. 특히 음악학자 데릭 쿡의 〈니벨룽의 반지〉 유도동기 해설서는 위대한 예술 작품의 구조와 특성이 얼마나 깊고 강렬한지를 보여주었다. 이 글을 접하고서 나는 바그너의 작품을 평생 연구하고 동시에 즐기겠다고 다짐했다.

쉴러는 "가지려면 내 것으로 만들라."고 했다. 우리가 서양의 정치와 학문, 문화를 수입하여 우리화하기 시작한 지 이제 100년이 넘었다. 한국의 핸드폰 제조 기술, 자동차 생산 기술은 이제 확고한 글로벌 톱 경쟁력을 갖고 있고, 축구, 야구, 피겨스케이팅 등 스포츠 분야에서도 상당한 발전을 이루었다. 남의 것을 잘 배워 이제는 남을 능가하고 있는 것이다. 학문과 예술 분야도 마찬가지다. 플라톤 같은 서양철학의 고전이 그리스어 원전 번역으로 나왔고, 완전한 미지의 영역일 것 같았던 아랍 문화에 대한 책들도 많아지고 있다. 바그너는 이런 측면에서 볼 때 우리가 넘어서야 할 하나의 거대한 산맥이다. 바그너를 본격적으로 파악하려면 음악에 대한 이해뿐만 아니라, 19세기 유럽사와 유럽의 근대 지성사에 대한 꼼꼼한 접근이 필요하다. 독일어나 영어권에서 바그너 관련 책을 검색해보면 너무 많아서 곧 질려버린다. 반면 한국어로 된 연구는 아직 걸음마 단계이다. 그것은 바그너가 작곡가이기에 음악 분야에서의 연구서가 적기 때문이다. 이 책 이후에도 바그너에 대한 입체적인 연구서가 많이 나오기를 기대한다.

바그너가 전 세계 오페라 극장에서 계속 재해석되고, 공연을 하고 또 주목을 받는 이유는 그의 오페라들이 탄생한지 140년이 지난 지금도 여전히 예술가들과 관객에게 현대성이라는 강렬한 빛을 내뿜고 있기 때문이다. 특히 〈니벨룽의 반지〉 같은 작품의 텍스트는 무궁무진한 해석의 가능성을 활짝 열어 두고 있다. 또 바그너를 연주하고 이해하려면 웬만한 실력으로는 어림도 없다. 완전히 처음부터 집중해서 긴 시간을 노력해야 한다. 2013년, 바그너 탄생 200주년을 기념하여 한국바그너협회와 국립오페라단의 역사적인 바그너 공연으로 한국에서는 이제 막 바그너를 수용하기 위한 준비의 첫 단추를 끼웠다.

한국에서 바그너는 마이너 중의 마이너다. 그의 작품은 서양의 고전이지만 고전에 관심이 많은 현대 한국의 지식인들에게도 오페라는 아직 좀 멀게만 느껴진다. 클래식 음악을 듣는 젊은 애호가들도 오페라보다는 기악(오케스트라 연주나 독주 악기 연주) 감상 인구가 더 많다. 이는 언어 장벽 때문이다. 백보 양보하여 이들이 오페라를 좀 듣는다 해도 대개는 베르디, 푸치니, 로시니 등의 이태리 오페라나 모차르트의 오페라가 주류다. 바그너의 오페라로 오페라에 입문한 필자는 한때는 이태리 오페라에 대한 바그너 오페라의 우월론을 주장하면서, 얄팍하고 감각적인 이태리 오페라를 듣는 사람들을 저열한 감상자라 생각한 적이 있다. 다행히도 이런 어처구니없는 편견은 여러 차례의 유럽 오페라 여행을 통해 나의 마음속에서 완전히 사라졌지만 아직도 주변에는 이런 입장을 견지하는 사람이 있다. 한편 그 반대로, 즉 이태리 오페라가 바그너보다 우월하다는 사람도 있다. 내 경우에는 바그너의 작품을 접하면서 이태리 오페라에 대한 애정이 깊어졌고, 이태리 오페라를 즐기면서 바그너에의 애착이 더 강해졌다. 얼마나 다행인지 모른다. 예술 작품은 참·거짓의 대상이 아니라 우리에게 감동을 주는, 감상의 대상이다. 작품에 대한 이해의 최종 종착역은 '감동의 증폭'이다. 이 책이 편견을 강화하는 것으로 기능하기 보다는, 오페라를 감상하는 즐거움을 더하는 데 한 뼘만큼이라도 기여할 수 있다면 바랄 나위 없겠다.

이 작은 책이 출판되어도 아내 신현주와 아들 서동진이 바그너를 좋아할 가능성은 거의 없지만 그래도 곁에 있는 그들이 참 고맙다. 나의 오페라 사랑을 한없이 크고 깊게 만들어주신 박종호 선생님, 바그너 음악에 대한 진지하고 놀라운 통찰을 전해 주신 김민 선생님, 심오한 바그너의 예술 이론 분야로 인도해주신 김문환 선생님, 친구이지만 지성의 스승인 유정우 씨, 오페라에 미칠 수 있도록 휘발유를 뿌려준 황지원 씨에게 감사드린다. (이 책에 담긴 '바그너의 예술관' 부분은 황지원씨와의 공저임을 밝힌다.) 또 녹슬어가는 바그너에 대한 관심에 기름칠을 해주신 김성민 사장님, 손일수 원장님, 김명중 선생님 등 유럽 투어 멤버들, 오랫동안 내 바그너 사랑의 크고 안전한 울타리였던 한국바그너협회와 조수철 회장님, 연광철선생님, 부족한 〈니벨룽의 반지〉 해설 글을 늘 좋게 봐주시고 수강생들에게 읽도록 해주신 최성은 씨와 풍월당 분들, 닮고 싶고 추종하고 싶은 이용숙 선생님, 바이로이트 지킴이 임채홍 선생님, 바그너에 대한 학구적인 탐구에 촉매 역할을 해준 유형종 선생님, 김영권 회장님과 무지크바움 광장 클럽 멤버들, 바그너 특별 공연으로 핵폭탄급 감동을 선사해준 국립오페라단(김의준 단장, 최영석 국장)과 KBS교향악단(박인건 사장), 언젠가는 꼭 바그너 관련 책을 내기를 바라는 전예완 씨, 바그너와 독일 오페라 수호천사 임재인 씨, 곽태웅 씨에게도 고마움을 전한다.

참고문헌

김문환, 『바그너의 생애와 예술』, 느티나무 (2005)
  　　(『총체예술의 원류』, 느티나무, 1989의 증본판임)
박종호, 『불멸의 오페라 II』, 시공사 (2007.2)
한국바그너협회, 『바그너와 나』, 도서출판 삶과꿈 (2003)
한국바그너협회, 『바그너와 우리』, 도서출판 삶과꿈 (2013)
데릭 쿡, 서정원 역, 『니벨룽의 반지 유도동기 해설』, 풍월당 (2012)
Barry Millington, 『The Wagner Compendium (A Guide to Wagner's Life
  and Music)』, Thames and Hudson (1992)

바그너의 이해

펴낸날	초판 1쇄 2015년 1월 28일

지은이	서정원
펴낸이	심만수
펴낸곳	(주)살림출판사
출판등록	1989년 11월 1일 제9-210호

주소	경기도 파주시 광인사길 30
전화	031-955-1350　팩스　031-624-1356
기획·편집	031-955-1365
홈페이지	http://www.sallimbooks.com
이메일	book@sallimbooks.com

ISBN	978-89-522-3079-9　04080

※ 값은 뒤표지에 있습니다.
※ 잘못 만들어진 책은 구입하신 서점에서 바꾸어 드립니다.

이 도서의 국립중앙도서관 출판시도서목록(CIP)은 서지정보유통지원시스템 홈페이지
(http://seoji.nl.go.kr)와 국가자료공동목록시스템(http://www.nl.go.kr/kolisnet)에서
이용하실 수 있습니다.(CIP제어번호: CIP2015002129)

책임편집 교정교열 : 홍성빈

054 재즈

eBook

최규용(재즈평론가)

즉흥연주의 대명사, 재즈의 종류와 그 변천사를 한눈에 알 수 있도록 소개한 책. 재즈만이 가지고 있는 매력과 음악을 소개한다. 특히 초기부터 현재까지 재즈의 사조에 따라 변화한 즉흥연주를 중심으로 풍부한 비유를 동원하여 서술했기 때문에 재즈의 역사와 다양한 사조의 특징을 쉽게 이해할 수 있다.

255 비틀스

eBook

고영탁(대중음악평론가)

음악 하나로 세상을 정복한 불세출의 록 밴드. 20세기에 가장 큰 충격과 영향을 준 스타 중의 스타! 비틀스는 사람들에게 꿈을 주었고, 많은 젊은이들의 인생을 바꾸었다. 그래서인지 해체한 지 40년이 넘은 지금도 그들은 지구촌 음악팬들의 많은 사랑을 받고 있다. 비틀스의 성장과 발전 모습은 어떠했나? 또 그러한 변동과정은 비틀스 자신들에게 어떤 의미였나?

422 롤링 스톤즈

eBook

김기범(영상 및 정보 기술원)

전설의 록 밴드 '롤링 스톤즈'. 그들의 몸짓 하나하나는 우리가 생각하는 것보다 훨씬 더 탁월한 수준의 음악적 깊이, 전통과 핵심에 충실하려고 애쓴 몸부림의 흔적들이 존재한다. 저자는 '롤링 스톤즈'가 50년 동안 추구해 온 '진짜'의 실체에 다가가기 위해 애쓴다. 결성 50주년을 맞은 지금도 구르기(rolling)를 계속하게 하는 힘. 이 책은 그 '힘'에 관한 이야기다.

127 안토니 가우디 아름다움을 건축한 수도사

eBook

손세관(중앙대 건축공학과 교수)

스페인의 세계적인 건축가 가우디의 삶과 건축세계를 소개하는 책. 어느 양식에도 속할 수 없는 독특한 건축세계를 구축하고 자연과 너무나 닮아 있는 건축가 가우디. 이 책은 우리에게 건축물의 설계가 아닌, 아름다움 자체를 건축한 한 명의 수도자를 만나게 해준다.

131 안도 다다오 건축의 누드작가

임재진(홍익대 건축공학과 교수)

일본이 낳은 불세출의 건축가 안도 다다오! 프로복서와 고졸학력, 독학으로 최고의 건축가 반열에 오른 그의 삶과 건축, 건축철학에 대해 다뤘다. 미를 창조하는 시인, 인간을 감동시키는 휴머니즘, 동양사상과 서양사상의 가치를 조화롭게 빚어낼 줄 아는 건축가 등 그를 따라다니는 수식어의 연원을 밝혀 본다.

207 한옥

박명덕(동양공전 건축학과 교수)

한옥의 효율성과 과학성을 면밀히 연구하고 있는 책. 한옥은 주위의 경관요소를 거르지 않는 곳에 짓되 그곳에서 나오는 재료를 사용하여 그곳의 지세에 맞도록 지었다. 저자는 한옥에서 대들보나 서까래를 쓸 때에도 인공을 가하지 않는 재료를 사용하여 언뜻 보기에는 완결미가 부족한 듯하지만 실제는 그 이상의 치밀함이 들어 있다고 말한다.

114 그리스 미술 이야기

노성두(이화여대 책임연구원)

서양 미술의 기원을 추적하다 보면 반드시 도달하게 되는 출발점인 그리스의 미술. 이 책은 바로 우리 시대의 탁월한 이야기꾼인 미술사학자 노성두가 그리스 미술에 얽힌 다양한 이야기를 재미있게 풀어놓은 이야기보따리이다. 미술의 사회적 배경과 이론적 뿌리를 더듬어 감상과 해석의 실마리에 접근하는 또 다른 시각을 제공하는 책.

382 이슬람 예술

전완경(부산외대 아랍어과 교수)

이슬람 예술은 중국을 제외하고 가장 긴 역사를 지닌 전 세계에 가장 널리 분포된 예술이 세계적인 예술이다. 이 책은 이슬람 예술을 장르별, 시대별로 다룬 입문서로 이슬람 문명의 기반이 된 페르시아 · 지중해 · 인도 · 중국 등의 문명과 이슬람교가 융합하여 미술, 건축, 음악이라는 분야에서 어떻게 표현되었는지 설명한다.

417 20세기의 위대한 지휘자　eBook

김문경(변리사)

뜨거운 삶과 음악을 동시에 끌어안았던 위대한 지휘자들 중 스무 명을 엄선해 그들의 음악관과 스타일, 성장과정을 재조명한 책. 전문 음악칼럼니스트인 저자의 추천음반이 함께 수록되어 있어 클래식 길잡이로서의 역할도 톡톡히 한다. 특히 각 지휘자들의 감각 있고 개성 있는 해석 스타일을 묘사한 부분은 이 책의 백미다.

164 영화음악 불멸의 사운드트랙 이야기　eBook

박신영(프리랜서 작가)

영화음악 감상에 필요한 기초 지식, 불멸의 영화음악, 자신만의 세계를 인정받는 영화음악인들에 대한 이야기를 담았다. 〈시네마천국〉〈사운드 오브 뮤직〉 같은 고전은 물론, 〈아멜리에〉〈봄날은 간다〉〈카우보이 비밥〉 등 숨겨진 보석 같은 영화음악도 소개한다. 조성우, 엔니오 모리꼬네, 대니 앨프먼 등 거장들의 음악세계도 엿볼 수 있다.

440 발레

김도윤(프리랜서 통번역가)

〈로미오와 줄리엣〉과 〈잠자는 숲속의 미녀〉는 발레 무대에 흔히 오르는 작품 중 하나다. 그런데 왜 '발레'라는 장르만 생소하게 느껴지는 것일까? 저자는 그 배경에 '고급예술'이라는 오해, 난해한 공연 장르라는 선입견이 존재한다고 지적한다. 저자는 일단 발레라는 예술 장르가 주는 감동의 깊이를 경험하기 위해 문 밖을 나서길 원한다.

194 미야자키 하야오　eBook

김윤아(건국대 강사)

미야자키 하야오의 최근 대표작을 통해 일본의 신화와 그 이면을 소개한 책. 〈원령공주〉〈센과 치히로의 행방불명〉〈하울의 움직이는 성〉이 사랑받은 이유는 이 작품들이 가장 보편적이면서도 가장 일본적인 신화이기 때문이다. 신화의 세계를 미야자키 하야오의 작품과 다양한 측면으로 연결시키면서 그의 작품세계의 특성을 밝힌다.

eBook 표시가 되어있는 도서는 전자책으로 구매가 가능합니다.

(주)살림출판사
www.sallimbooks.com
주소 경기도 파주시 문발동 522-1 | 전화 031-955-1350 | 팩스 031-955-1355